食パンを極める！

誰も教えてくれなかった プロに近づくためのパンの教科書

ロティ・オラン　堀田誠

はじめに

食パンは誰でも知っているパン。数多いパンの中で最もオーソドックスなパンといえるでしょう。しかし、パン自体が欧米から入ってきたものなので、それぞれの国で改良され日本に入ってきても、さらに日本人好みに改良された食パンが数々生まれてきました。

本書では食感や製法はもちろん、加水率や酵母菌、乳酸菌にこだわりをもったロティ・オランのレシピをご紹介します。そのためにはパンの基礎知識をしっかりと覚えて、一つひとつの食パンがどんな材料を使い、どんな製法で作り上げられているかを把握することが大切です。

それを踏まえた上でそれぞれの食パンを作ると、家庭製パンの楽しみがさらに広がるでしょう。皆さんの食パン作りのレシピの中に、本書のレシピを一つでも取り込んでいただけたら、いつもとはひと味もふた味も違う食感と味わいを楽しんでいただけると思います。そんな一助になれれば幸いです。

ロティ・オラン　堀田誠

CONTENTS

さぁ、食パンを作りましょっ

本書は自分で食パンを作ることに焦点を絞っています。パン作り全般、あるいは発酵についてさらに詳しい内容を知りたい場合は、『誰も教えてくれなかった　プロに近づくためのパンの教科書』『誰も教えてくれなかった　プロに近づくためのパンの教科書【発酵編】』『誰も教えてくれなかった　プロに近づくためのパンの教科書【レシピ作り編】』を参考にしてください。

ロティ・オランの考える
パン作り

パン作りをするときは、小麦粉、酵母菌（乳酸菌、麹かび菌）、水、塩という基本の材料を上手に組み合わせることがポイントになります。小麦粉、酵母菌（乳酸菌、麹かび菌）、水には相互に関係があって、どれも切り離せないもの。そこに塩が加わることで味を引き立たせます。塩は「小麦粉＋水」（＝たんぱく質）、「小麦粉＋酵母菌（乳酸菌、麹かび菌）」（＝酵素活性）、「酵母菌（乳酸菌、麹かび菌）＋水」（＝浸透圧）に関与します。右はこれらを図にしたものです。まずはこの関係をしっかりと頭に入れておきましょう。

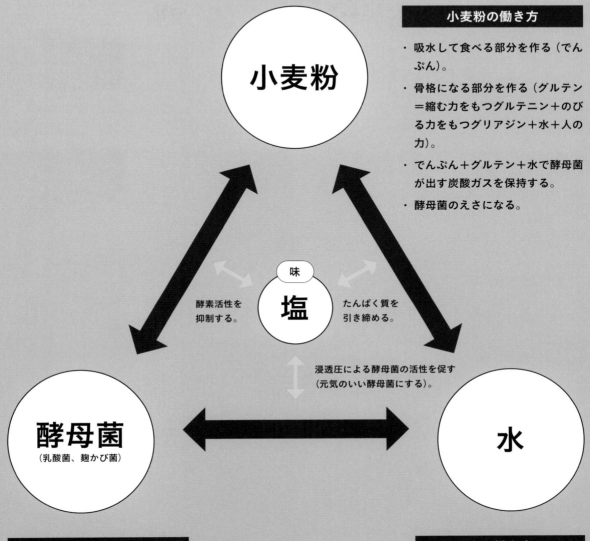

小麦粉の働き方

- 吸水して食べる部分を作る（でんぷん）。
- 骨格になる部分を作る（グルテン＝縮む力をもつグルテニン＋のびる力をもつグリアジン＋水＋人の力）。
- でんぷん＋グルテン＋水で酵母菌が出す炭酸ガスを保持する。
- 酵母菌のえさになる。

味

塩

酵素活性を抑制する。

たんぱく質を引き締める。

浸透圧による酵母菌の活性を促す（元気のいい酵母菌にする）。

小麦粉

酵母菌
（乳酸菌、麹かび菌）

水

酵母菌の働き方

- ポンプの役割をする。
- 食感と味をコントロールする。
- 水なしでは生存できない。
- 増えるためにはえさ（でんぷん）が必要。

水の働き方

- 粉をくっつける。
- 酵母菌の生存に必要なもの。

これがロティ・オランの考える
基本的なパン作りの材料の関係性を示した図です。

日本で知られている食パンの分類

食パンは主食用のパンの略称といわれ、誰でも知っているおなじみのパンですが、ひと口に食パンといっても種類はたくさんあります。もともと食パンは欧米から入ってきたもので、日本では角食や山食という名称で知られています。そこで欧米と日本の食パンの特徴をご紹介します。

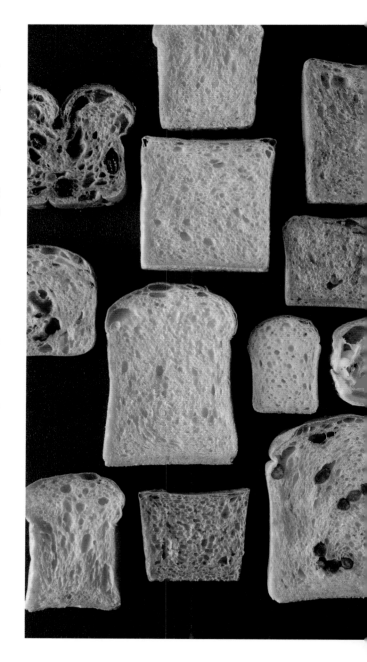

イギリスの食パン（ティンブレッド）

蓋なしの型に入れて焼くので高さが出る。イギリスではティンと呼ばれるブリキ製の型で焼くため、この名がついた。

アメリカの食パン（プルマンブレッド）

蓋ありの型に入れて焼く。プルマンは鉄道車両製造メーカーの名前で車両の形をイメージした型。長時間移動が多いアメリカではたくさん積める角型のパンが好都合だった。

フランスの食パン（パン・ド・ミ）

型に入れるものと入れないものの両方がある。小麦粉や乳酸菌（ヨーグルト酵母）にこだわる。フランス人はパンの主役は中身（クラム）と考えるため、外皮（クラスト）を味わいたいときはフランスパンを選ぶ。

日本の食パン（角食）

日本ではもともとアメリカの小麦粉を使って作っていたがパサパサだった。日本人はうるち米のようなもっちり感を好む傾向がある。そこで国産小麦と「湯種」を使用して和風の食パンを作った。この「しっとりもっちり」の日本人好みの食パンが流行った。日本風の食パンはでんぷんにこだわったものが多い。

ロティ・オランの考える
食パンの分類と
グルテンとでんぷんの関係

食パンを作るときに考える大きな柱は「グルテン」と「でんぷん」。この2つを柱として、欧米と日本の食パンをロティ・オラン的視点で図で示してみました。円の重なる部分もあれば重ならない部分もあります。この関係性を知った上で食パンを食べると、それぞれの味や食感に納得できるでしょう。

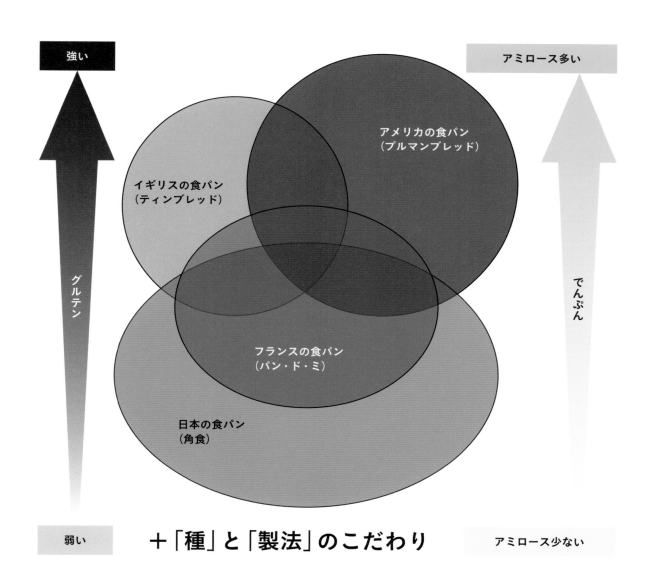

それぞれの食パンの種、製法における こだわり度と粉のこだわり部分

日本に入ってきてからずっと定番のパンとして愛され続けている食パン。だからこそ進化し続けています。特に種と粉について、他の国々とは比べものにならないくらいこだわりが強いのです。下の図はそれぞれの食パンの種、製法におけるこだわり度と粉のこだわり部分を表にしたもの。これを見ると、日本の食パンが進化し続ける理由が自ずとわかるでしょう。

	種	製法	粉のこだわり部分
ティンブレッド（イギリス）	★ イースト	★	グルテン
プルマンブレッド（アメリカ）	★	★★	グルテン
パン・ド・ミ（フランス）	★★★ 老麺／レーズン種／ルヴァン種	★	灰分
角食（日本）	★★★ 酒種／ヨーグルト種／ホップス種	★★★	グルテン、灰分、でんぷん

★＝こだわり度

食パン作りで使う粉のこと

小麦粉は小麦の種を細かく砕いたもの。種は種皮、胚芽、胚乳でできていて、この胚乳部分を細かくしたのが白い小麦粉です。胚乳部分は発芽するための栄養の貯蔵庫。糖質（でんぷん）とたんぱく質が主成分で、糖質は全体の約80%、たんぱく質は10〜15%。ひと口に胚乳といっても、種の中心部分〜表皮に近い部分は、いろいろな要素がグラデーションのようになっています。また、小麦の種は種類によってかたさが異なり、硬質小麦、軟質小麦、中間質小麦に分けられます。またそれぞれの種は育った環境によって性質が全く同じになるとは限りません。

「強力タイプ」と「準強力タイプ」

硬質小麦を砕いたものが「強力粉」や「準強力粉」、軟質小麦を砕いたものが「薄力粉」、中間質小麦を砕いたものが「中力粉」です。硬質小麦から薄力粉や中力粉はできません。国産小麦を砕いたものは「中力粉」と考えます。しかし、市販の小麦粉はこの線引きがはっきりとしていないことが多いため（下の表の種の形のイメージ参照）、本書では強力粉＝「強力タイプ」、準強力粉＝「準強力タイプ」としています。

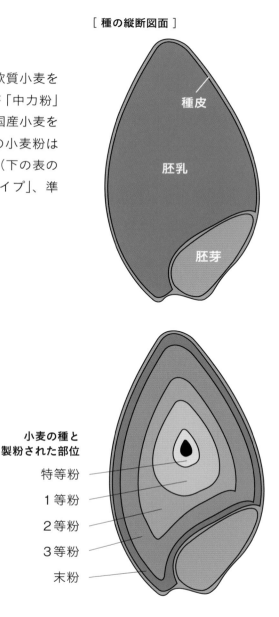

[種の縦断図面]

種皮

胚乳

胚芽

小麦の種と
製粉された部位

特等粉
1等粉
2等粉
3等粉
末粉

小麦の種類	種の形のイメージ
硬質小麦	
中間質小麦	
軟質小麦	

灰分

「かいぶん」または「はいぶん」と読みます。小麦が完全に燃焼したとき、糖質や脂質、たんぱく質は燃えてなくなり、灰が残ります。これが灰分で、正体は鉄やカルシウム、マグネシウムなどのミネラル分で、多いほど味を強く感じます。強いと感じるのは0.5％前後を超える灰分量。また灰分は種の外側に多く、この部分はくすんだ色をしているので粉の色もグレー。まっ白な小麦粉は灰分量が少なくなります。

たんぱく質

小麦の中のたんぱく質には、グルテンの形成に関わるもの（グルテニンやグリアジン）とグロブリン、アルブミン、プロテオース、酵素などがあり、「たんぱく質＝グルテン」ではありません。でも「グルテン＝たんぱく質」は正解。だからグルテンは内側に多く、外側に少ないのです。これを間違えると、「たんぱく質が多ければグルテンも多い！」という解釈をしてしまうので注意が必要です。

灰分量と色とたんぱく質でわかる小麦粉の特徴

まっ白で灰分量が少なく、たんぱく質も少ない
このたんぱく質は限りなくグルテンに関わるもので、ほぼ胚乳の中心部分だけを砕いた小麦粉（中心がほぼ100％のイメージ）。味は感じにくく、とても扱いやすい。

まっ白で灰分量が多く、たんぱく質も多い
胚乳の外側に近い部分が混ざっているものを砕いた小麦粉（外側10％：中心90％のイメージ）。少し味を感じ、扱いやすい。

グレーがかっていて灰分量が少なく、たんぱく質も少ない
胚乳の外側と中心に近い部分が混ざったものを砕いた小麦粉（外側90％：内側10％のイメージ）。味を感じやすく、少し扱いやすい。

グレーがかっていて灰分量が多く、たんぱく質も多い
胚乳の外側に近い部分を砕いた小麦粉（外側100％のイメージ）。味が強く、扱いづらい。

グルテンの遺伝子

グルテンの遺伝子には2つのタイプがあります。分子量が大きいものと小さいもの。強力タイプ、中力タイプ、薄力タイプの小麦粉の品種の遺伝子をグルテンの強さで比べてみました。ただし、品種名はあくまでも原料となる小麦の遺伝子としての分類なので、製品としてみるとこれと同じとはいえません。

[小麦粉の品種別グルテン遺伝子の分類]

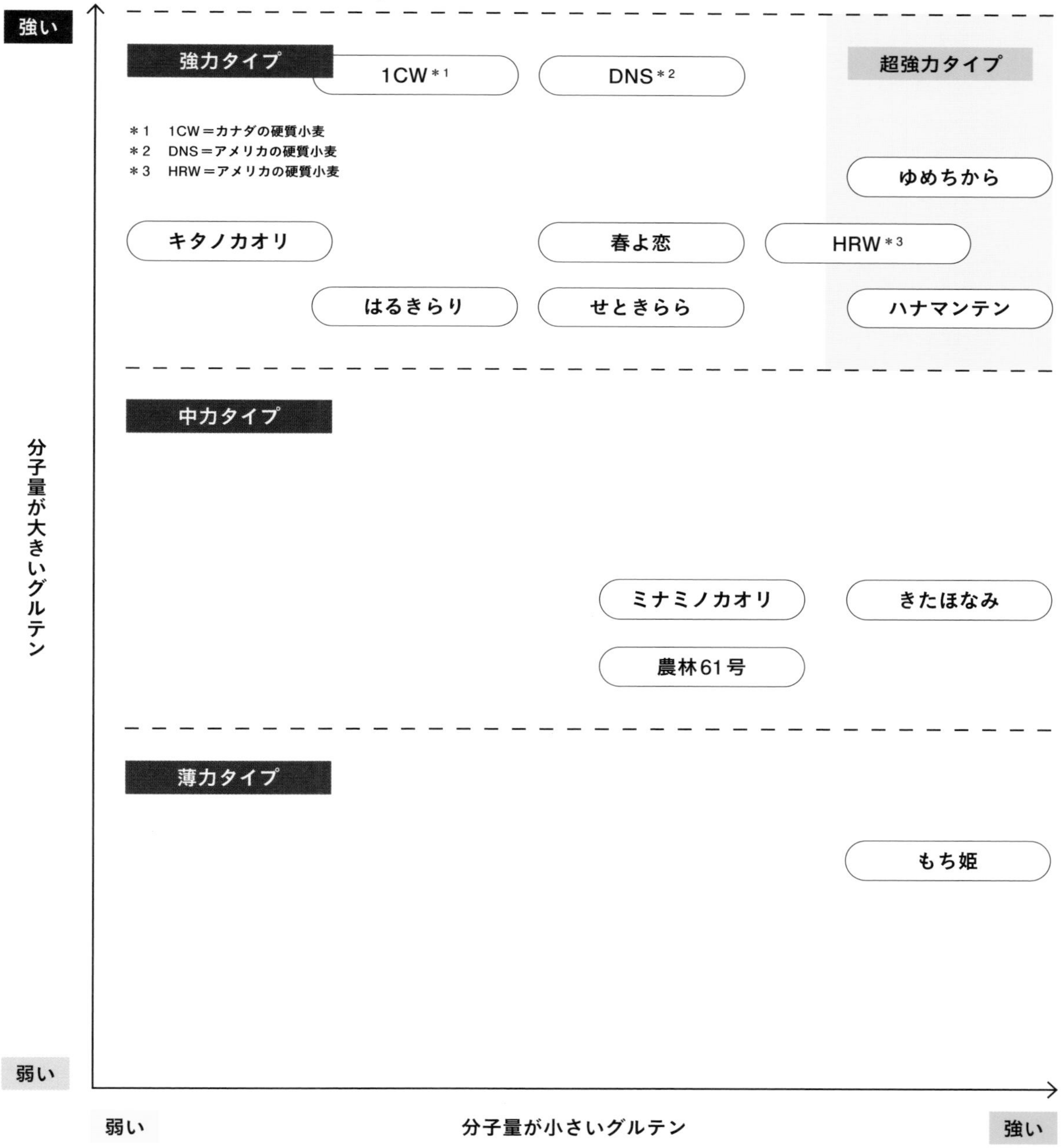

強い

| 強力タイプ | 1CW*1 | DNS*2 | 超強力タイプ |

*1　1CW＝カナダの硬質小麦
*2　DNS＝アメリカの硬質小麦
*3　HRW＝アメリカの硬質小麦

ゆめちから

キタノカオリ　　春よ恋　　HRW*3

はるきらり　　せときらら　　ハナマンテン

中力タイプ

ミナミノカオリ　　きたほなみ

農林61号

薄力タイプ

もち姫

分子量が大きいグルテン

弱い

弱い　　　　分子量が小さいグルテン　　　　強い

でんぷん

小麦の種の胚乳を砕くということは、でんぷんを砕くのと同じこと。パンを作るときは、グルテンに注目しがちですが、食味はグルテンよりもでんぷんのかたまりである炭水化物を味わいます。焼いたときのもちもちっとした食感やぱさつく食感は、でんぷんの性質によるものです。でんぷんを作る合成酵素の遺伝子には3つのタイプがあります。それぞれの関わり方でアミロースとアミロペクチンの含有量のバランスが変わってきます。

健全でんぷんと損傷でんぷん

でんぷんは製粉のし方によって、「健全でんぷん」と「損傷でんぷん」に分けられます。「損傷でんぷん」の方が水をたくさん吸い込むので、ベタベタしたりもちもちしたりします。また、でんぷんの構造には「アミロース」と「アミロペクチン」があり、「アミロース」はブドウ糖が直線で鎖状につながっている短い構造（分子量が小さい）、「アミロペクチン」はブドウ糖が枝分かれしてつながった大きな構造（分子量が大きい）で、「アミロペクチン」の方が水をたくさんとらえることができます。ですから私は「アミロース」はパラパラでんぷん、「アミロペクチン」はもちもちでんぷんと呼んでいます。

健全でんぷん（表面積小）

損傷でんぷん（表面積大）

アミロース（分子量が小さい）

アミロペクチン（分子量が大きい）

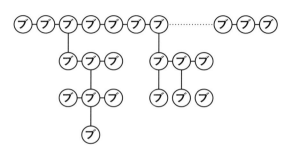

ブ ＝ブドウ糖

でんぷんの遺伝子

でんぷんには健全でんぷんと損傷でんぷんがありますが、強力タイプ、中力タイプ、薄力タイプの小麦粉の品種の遺伝子をアミロースの割合で比べてみました。アミロースが0に近づくと、もちもち食感が強くなります。またアミロースの含量とやわらかさ＋弾力（もちもち感）についても比べてみました。

[小麦粉の品種別でんぷん遺伝子の分類]

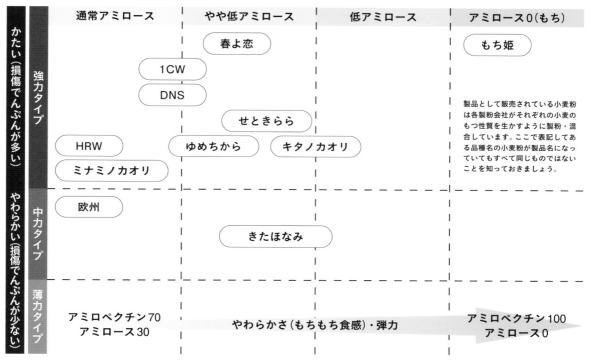

[小麦粉の品種別アミロース含量とやわらかさ＋弾力]

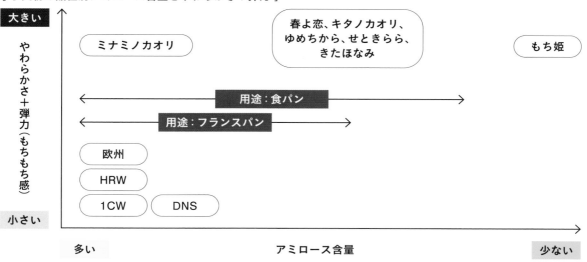

食パン作りで使う酵母のこと

酵母には市販のイーストや天然酵母、自家培養酵母があります。酵母の中でパン作りに使うのはサッカロミセス属で、セレビシエ種のエール株、バヤナス種のワイン株、パストリアヌス種のラガー株です。

酵母の分類

酵母は食べたえさを分解したエネルギーで元気になります。そのえさを分解するのが酵素。酵母が元気に働くためには、酵素を元気にすることが大切です。そのための条件は、温度、酸素、栄養（えさ）、pH（ペーハー）、水分の5つ。

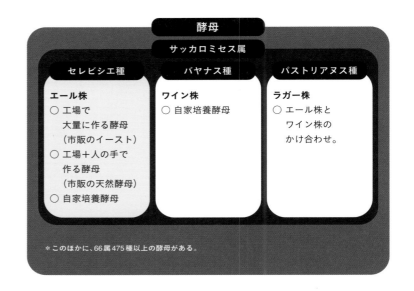

酵母		
サッカロミセス属		
セレビシエ種	バヤナス種	パストリアヌス種
エール株 ○ 工場で 　大量に作る酵母 　（市販のイースト） ○ 工場＋人の手で 　作る酵母 　（市販の天然酵母） ○ 自家培養酵母	ワイン株 ○ 自家培養酵母	ラガー株 ○ エール株と 　ワイン株の 　かけ合わせ。

＊このほかに、66属475種以上の酵母がある。

温度

酵素も酵母も適温は4〜40℃で、4℃になると酵素がえさの分解を始め、30〜40℃で酵素活性がピークになり、それをすぎると一気に分解のスピードが下がります。
また酵素はたんぱく質でできているので、50℃をすぎるとたんぱく質がゆがみ、60℃をすぎると熱変性してこわれてしまいます。酵母は酵素がえさを効率よく分解することで元気に増殖して、生地がよく膨らみます。

酸素

発酵とは狭義の意味で「アルコール発酵」のことをさしますが、酵母は呼吸をしているので、「酸素」も必要です。アルコール発酵だけだと時間がかかってアルコール臭の強いパンになります。パンが膨らむためには、「アルコール発酵」と「酸素」が不可欠です。

栄養（えさ）

酵母には2つのタイプがあり、1つは麦芽糖を主食にするもの。これはリーンなパン向きの酵母で、麦芽糖分解酵素の活性が高いのが特徴です。もう1つはショ糖（砂糖）を主食にするもの。こちらは耐糖性の酵母でショ糖分解酵素の活性が高いのが特徴です。

pH（ペーハー）

酵母の活性が高くなるのは、pH＝5～6の弱酸性。酸性やアルカリ性に強く傾くと酵素はこわれてしまいます。

水分

酵素は水の中で働くので水分は不可欠です。

「こね上げ温度」のこと

こね上げたときの生地の温度。酵母が栄養素を効率よく分解してエネルギーを取り出し、元気に増殖するために設定します。こね上げ温度によって生地の状態が変わってくるので、パン作りの工程ではとても大切です。

こね上げ温度	生地の状態
低すぎる（5～10℃）場合	酵素が働きにくいので酵母の元気がなく、生地は膨らみにくい。
10～20℃の場合	酵素も酵母もゆっくり働き、生地は膨らむが横に広がる。
20～25℃の場合	酵素も酵母も働き、生地はそこそこ膨らむ。
25～30℃の場合	酵素も酵母もとても元気に働き、生地は縦にも横にも膨らむ。

発酵種の種類

発酵とは一般的に酵母菌と乳酸菌の共生関係のことをいい、酵母菌と乳酸菌を育てるのが発酵種です。酵母菌1種だけ、酵母菌2種、酵母菌と乳酸菌が複数など、いろいろな種類があります。

香りや旨みにこだわる発酵種

発酵で微生物が活動すると、えさになるもの（小麦粉）が分解と合成を繰り返して変化していきます。えさの小麦粉が分解されることでダイレクトに感じられる味は、旨み成分のアミノ酸、核酸と香り成分のエステル化合物、ケトン体などで、変化が進むと同時に香りや旨みが増します。だから奥行きのある香りや旨みの食パンに仕上げるために、発酵種を使います。

中種

小麦粉の一部とイーストを混ぜて発酵させる。かためなので粉と水がくっついて保水力が高め。グルテン骨格が強いのでこねる時間が短縮できる。pHが弱酸性なので、本ごねで加える酵母が安定する。

ポーリッシュ種

あらかじめ小麦粉の一部に水とイーストを加えて発酵させる。これを本ごねで混ぜるが、その際小麦粉と水を同量にするのがポイント。液体に近いやわらかさで微生物が動くので酵母は少なめに加える。pHは弱酸性なので、本ごねで加える酵母が安定する。

老麺

生地を作るときに、前日に作った生地の一部を混ぜ合わせる。グルテンを上のせすることになるので、こねる時間が短縮できる。粉と水が長時間くっついているので保水力が維持できる。熟成した生地を混ぜることで、風味豊かなパンになる。

[発酵種の微生物と食感の関係]

	中種（かたい発酵種）	ポーリッシュ種（やわらかい発酵種）
微生物 膨らみやすい単一酵母菌を使用	増殖しにくい	増殖しやすい
酵母菌の量	多い	少ない
グルテン骨格	強いままで本ごね	弱い状態で本ごね （グルテンが弱く、 発酵に時間がかかる）
食感	均一でなめらか ふわふわに膨らむ	やや不均一 歯切れがよく、軽い仕上がり

酸味にこだわる発酵種

人間にとっていい微生物とは、ほうっておくと乳酸菌が増えて自然に酸っぱくなる自然酸化作用をもつもの。乳酸菌が増えると相乗作用で酵母菌も増え、酵母菌が作り出すアルコールをえさにして酢酸菌も増えます。酸味があると発酵種が汚染されにくく、できたパンもかびにくく、腐敗しにくくなります。乳酸菌を意識する場合は、発酵種によって差がありますが、かたい発酵種かやわらかい発酵種かで酸味が大きく変わります。また、発酵温度によっても酸味が変わります。同じpHでも産生した乳酸と酢酸のバランスで酸味の感じ方が異なるので、好みの酸味を出すために覚えておきましょう。

フルーツ種

一般にフルーツと水、場合によっては砂糖も使っておこした酵母のこと。酸味が少なく、シュワシュワと発酵する泡が見えやすいのが特徴。フルーツはフレッシュでもドライでもOK。ただしドライフルーツはオイルコーティングされていないものを選ぶ。

ヨーグルト種

ヨーグルトに水、場合によっては小麦全粒粉を加えておこした酵母のこと。ヨーグルトのやさしい酸味が感じられ、発泡力が強いのが特徴。ヨーグルトはプレーンタイプ（pH調整剤が入っていないもの）を選ぶ。

酒種

生米、炊いたご飯、酒粕または米麹、水を使っておこした酵母のこと。日本酒を思わせるようなアルコール臭、ほんのりとした甘みと酸味がある。酒粕は水に溶けにくいのでしっかり混ぜることが大切。

ホップス種

ビールの原料で知られるホップスの煮汁を使い、小麦粉、マッシュポテト、りんごのすりおろし、場合によっては砂糖、米麹、水を使っておこした酵母のこと。ビールと日本酒を合わせたようなもので、酸味のほかに、ほのかな甘みと苦みがある。

サワー種

ライ麦粉や小麦粉を使っておこした酵母のこと。培地にした粉（ライ麦粉や小麦粉）や気候風土によって生育する菌が異なり、しっかりとした酸味がある。ヨーロッパなどでは、こだわりのパン作りで使用されているおなじみの発酵種。

[発酵種の微生物と酸味の関係]

	かたい発酵種	やわらかい発酵種
微生物	増殖しにくい	増殖しやすい シャバシャバなので微生物が動きやすい 多種多様の微生物を使用できる
酸味	ゆっくりと好みの酸味になる	早く好みの酸味になる
注意点	酸味が強くなりすぎる	微生物が増殖しすぎる

[発酵種の発酵温度による酸味の違い]

発酵温度	乳酸と酢酸のバランス	酸味
28〜35℃	乳酸が多い	弱い
20〜28℃	乳酸と少なめの酢酸	やや弱い
〜20℃	乳酸と多めの酢酸	強い

すべての発酵種の酸味は発酵温度で変わります。それは産生した乳酸と酢酸のバランスによるため。同じpHでも酸味の感じ方が異なります。パン作りで好みの酸味を出すために知っておきましょう。

ロティ・オランの考える 発酵種と粉の相性

パン作りの主役は粉。それぞれの発酵種にあった粉を使えば自分好みのパンができます。小麦粉100％の場合、小麦全粒粉やライ麦粉を含む場合の発酵種との相性を表にしたのでパン作りをするときに参考にしてください。発酵種が１種なら、その発酵種の香り、風味、食感を楽しむことができ、２種以上を組み合わせると複雑になります。複雑になるというのは、味に深みを増す場合もありますが、逆に残念な味になることもあるので注意が必要です。

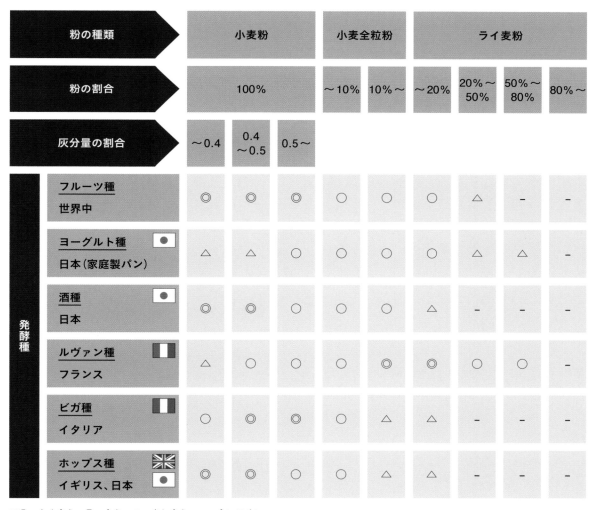

粉の種類	小麦粉			小麦全粒粉		ライ麦粉			
粉の割合	100%			～10%	10%～	～20%	20%～50%	50%～80%	80%～
灰分量の割合	～0.4	0.4～0.5	0.5～						
フルーツ種 世界中	◎	◎	◎	○	○	○	△	－	－
ヨーグルト種 日本（家庭製パン）	△	△	○	○	○	○	△	△	－
酒種 日本	◎	◎	○	○	○	△	－	－	－
ルヴァン種 フランス	△	○	○	○	◎	◎	○	○	
ビガ種 イタリア	○	◎	◎	○	△	△	－	－	－
ホップス種 イギリス、日本	◎	◎	○	○	△	△	－	－	－

※◎＝よく合う　○＝合う　△＝少し合う　－＝合いにくい

こだわりの食パンを作るための
発酵種の使い方

発酵種とは「初種」のことで、種つぎを繰り返し行うことでいつでも同じ状態の発酵種を使うことができ、種つぎを行った発酵種を「かえり種」と呼びます。初種の一部をパン作りに使うと、初種の量が減って、酸味が増したり、膨らみにくくなって最初の初種の性質とは異なってきます。そこで最初の初種と同じ状態に戻すため、残った初種から一部を取って、初種を作るときの材料を合わせ、初種作りと同じ手順で再び発酵させて元の状態に戻します。これを「リフレッシュ」と呼び、初種の無限ループになります。

＊無限ループで使える種は、3か月ぐらいで菌叢（ある一定の環境に存在する微生物群）は3回くらい変化すると言われている。本当の安定は3か月以降と考えられる。

こだわりの食パンを作るための初種

本来使っていた初種だけで食パンは作れますが、もっと違った食感や味を楽しみたいときには初種を変化させます。おいしさやふわふわ、どっしりなどの食感にこだわるときは微生物の視点から考え、噛みちぎりやすさなどの食感にこだわるときは骨格と水和の視点から考えます。

微生物の視点で考える初種

パン作りでの発酵は2つの考え方があります。発泡（膨らませる）の微生物の扱い方と熟成（おいしい味作り）のさせ方です。どちらにも共通していることは、ふわふわの食感にしたいときは、初種の量を多く使って短時間で膨らませ、少しどっしりした食感にしたいときは、初種の量を少なくして長時間で膨らませるということです。

ロティ・オランは変化させた初種を「元種（もとだね）」と呼びます

自分の作りたい食感や味のパンを目指すとき、初種となる発酵種を変化させることでいろいろな食感や味を生み出します。1回目の変化を経験したら、さらに2回目、3回目と続けていくと、こだわりの発酵種ができ、自分好みの食パンに近づけることができます。この変化を楽しむことができるようになると、食パン作りの奥深さも自ずとわかってきます。ぜひ、今まで知らなかった新しい食パンの世界をのぞいてみてください。

骨格（＝グルテン骨格）の視点で考える初種

グルテンの強いパン
（＝つぶれにくい生地）を作りたいとき

たくさん膨らませても支えられる強い骨格作りにします。このときの弱点は、しっかりと膨らませきらないと噛みちぎれない食感になってしまうこと。強い骨格の生地を作るには、強い骨格の発酵種を短時間で生地に合わせます。これでふわふわパンができます。この場合、強い骨格の発酵種を長時間おいてから生地に合わせると弱い骨格の生地になり、しっとり重いパンになります。

グルテンの弱いパン
（＝つぶれやすい生地）を作りたいとき

それほど膨らませなくてもある程度支えられる弱い骨格作りにします。このときの弱点は、噛みちぎりやすい食感にはなりますが、ふわふわ感が足りないこと。弱い骨格の生地を作るには、弱めの骨格の発酵種を短時間で生地に合わせます。これでやや強い骨格になり、少しだけふわふわ食感になります。この場合、弱めの骨格の発酵種を長時間おいてから生地に合わせると、さらに弱い骨格の生地になり、もっとしっとり重いパンになります。

[骨格の強さと時間の関係]

強い

骨格の強さ

弱い

強い骨格
（ふわふわパン）

弱い骨格
（しっとり重いパン）

短い　　　　時間　　　　長い

水和の視点で考える初種

水和とは小麦粉のでんぷんと水の関係のこと。初種の水分量を変化させて、生地のかたさを考えます。でんぷんに対して水の量が多いとしっとり（極端にいうとおかゆ）になり、少ないとややしっとり（極端にいうとかたいご飯）になります。同様に考えると、初種に多量の水を加えてやわらかい発酵種（弱い骨格）にして生地に合わせると、しっとり重いパンになり、初種に少量の水を加えてややややわらかい発酵種（強い骨格）にして生地に合わせると、ふんわりパンになります。しっとり感だけを目指すなら、骨格より水和を重視した方がいいでしょう。

骨格と水和と小麦粉の関係

真っ白な小麦粉は灰分量が少なくてグルテンが多く、でんぷんのきめがととのっています。グレーがかった小麦粉は灰分量が多くて粉の風味が強く、でんぷんは粗めです。灰分量が多い場合は、水を増やして水和を増すと、しっとりとしたパンに仕上がります。

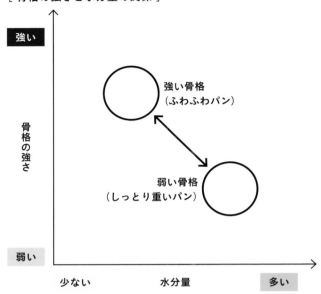

[骨格の強さと水分量の関係]

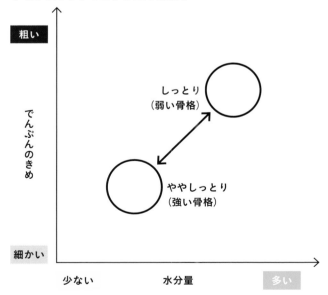

[でんぷんのきめと水分量の関係]

24

発酵種の選び方

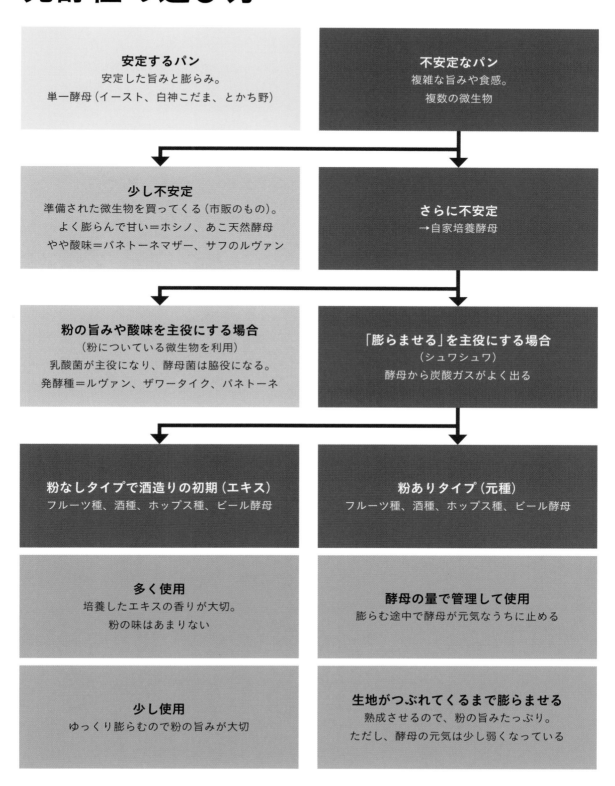

安定するパン
安定した旨みと膨らみ。
単一酵母（イースト、白神こだま、とかち野）

不安定なパン
複雑な旨みや食感。
複数の微生物

少し不安定
準備された微生物を買ってくる（市販のもの）。
よく膨らんで甘い＝ホシノ、あこ天然酵母
やや酸味＝パネトーネマザー、サフのルヴァン

さらに不安定
→自家培養酵母

粉の旨みや酸味を主役にする場合
（粉についている微生物を利用）
乳酸菌が主役になり、酵母菌は脇役になる。
発酵種＝ルヴァン、ザワータイク、パネトーネ

「膨らませる」を主役にする場合
（シュワシュワ）
酵母から炭酸ガスがよく出る

粉なしタイプで酒造りの初期（エキス）
フルーツ種、酒種、ホップス種、ビール酵母

粉ありタイプ（元種）
フルーツ種、酒種、ホップス種、ビール酵母

多く使用
培養したエキスの香りが大切。
粉の味はあまりない

酵母の量で管理して使用
膨らむ途中で酵母が元気なうちに止める

少し使用
ゆっくり膨らむので粉の旨みが大切

生地がつぶれてくるまで膨らませる
熟成させるので、粉の旨みたっぷり。
ただし、酵母の元気は少し弱くなっている

食パン作りで使う製法のこと

	直ごね製法	オートリーズ製法	バシナージュ製法	老麺製法
どんな製法	・材料を1回で使いきる基本の製法。	・あらかじめ粉と水、必要であればモルトを加えて混ぜ、しばらくおいてから酵母を加え混ぜ、塩などを加える方法。	・一度ミキシングが終わった生地に、あとから水分を加える方法。	・生地を作るときに、前日に作った生地の一部を入れて混ぜ合わせて作る方法。 ・熟成した生地を混ぜることで風味豊かなパンに仕上がる。
長所	・準備が1回ですむ。 ・ミキシングも1回で終わる。	・スムーズにグルテン骨格ができ上がる。 ・炭酸ガスを保持する力がやや強め。酵素（アミラーゼ）ででんぷんを分解する。 ・甘みや酵素のえさが準備される。	・強いグルテン骨格がたくさんできる。 ・少しかためにこねてから水を加えてゆるめるので、薄い膜でしっとりみずみずしい食感に仕上がる。 ・型に入れて発酵したり、高温で焼き固めながら火を通したりすると、縦にのびるパンを作ることができる。	・味や風味が少しよくなる。 ・グルテンを少し上のせすることになるので、こねる時間を少し短縮できる。 ・pHが弱酸性なので、本ごねで加える酵母が少し安定する。 ・粉と水が長時間くっついているので、保水力を少し維持できる。 ・種の粉は、粉100%の外割。
短所	・副材料が多い場合はグルテン骨格が邪魔されながら形成されるので、時間がかかる。	・時間をおきすぎると、酸味が強くなったり、雑菌の繁殖が心配されたりする。 ・酵素によってでんぷんだけでなく、たんぱく質も分解されるので、骨格形成においてリスクがある。	・水を加えてゆるめるので、生地の表面がべたつきやすい。成形の形が残りにくい。 ・加える水が自由水なので、生地が乾燥しやすい。不均一な粉に水を加えるので、不均一な内層（骨格がゆるいところとかたいところがある）になり、食感が悪くなる。 ・生地が不均一なので、焼き方にも注意が必要。	・ミキシングが2回必要。

本書で使う製法は、基本の直ごね製法と直ごね製法に「種」を加える製法があります。さらに「種」を加える製法としてオートリーズ製法、バシナージュ製法、老麺製法、中種製法、ビガ種製法、湯種製法、湯ゲル種製法（ポーリッジ種製法）を使います。

中種製法	ビガ種製法	湯種製法	湯ゲル種製法（ポーリッジ種製法）
・粉の一部に水とイーストを混ぜ、発酵したのちに残りの材料を加えて混ぜる方法。 ・2回に分けて混ぜることで、グルテンの伸展性がよくなって安定したパンに仕上がる。	・イタリア式の中種製法で、大きな特徴として、こね上げ温度が低く、冷暗所のようなところで長時間発酵を続けること。	・生地を作るとき、種の粉を熱湯でこねて、粉の中のでんぷんをα化（糊化）させたものを混ぜ合わせる方法。 ・もっちりとした食感で、おいしい状態のままで長もちする。	・湯種製法を応用した製法。 ・生地を作るとき、種の粉を水と合わせて熱を加え、小麦粉をα化（糊化）させたものを混ぜ合わせる方法。ただし、熱を加えるときは温度を測りながら均一に混ぜ合わせる。
・味と風味が多少よくなる。 ・グルテン骨格が強く残っているので、こねる時間が短縮できる。 ・pHが弱酸性なので、本ごねで加える酵母が安定する。固めの種なので、粉と水の結合がよく、保水力がやや高い。 ・発酵時間が短縮できる。 ・種の粉は、粉100％の内割。	・発酵による味と風味がとてもよくなる。グルテン骨格が強く残っているので、こねる時間が短縮できる。 ・pHが弱酸性なので、本ごねで加える酵母が安定する。 ・固めの種なので、粉と水の結合がよく、保水力がやや高い。 ・種の中の酵母が発酵で元気になって増殖しているため、本ごね後の発酵時間が短縮できる。 ・種の粉は、粉100％の内割。	・完全α化したものと不完全α化したものが混在しているので、もっちり感が強い。 ・酵素（アミラーゼ）が70℃まで働くため、でんぷんが分解されて甘さが少し加わる。 ・種の粉は、粉100％の内割。	・湯種製法より加水率を高くできる。 ・α化の状態を自分でコントロールできる。 ・60～70℃ではα化状態は不完全だが酵素活性が高いので甘くなる。 ・70～80℃ではα化が完全な状態に近づき、酵素が失活するのでもっちり感が増す。 ・湯種製法より甘くおいしくなる。
・生地がかたためで微生物が動きにくいため、多めの酵母が必要。 ・種に使用した小麦粉の水和の量が不足気味になる。 ・ミキシングが2回必要なので、手間がかかる。 ・種の発酵温度が高めの場合、本ごねのこね上げ温度が高くならないよう、完成した種を冷却しなければならない。	・冷暗所で安定した発酵条件を保つのが難しい。 ・種に使用した小麦粉の水和量が不足気味になる。 ・ミキシングが2回必要なので、手間がかかる。	・味と風味は変化がない。 ・小麦粉のグルテンが損なわれて骨格が弱い。 ・焼いたパンはつぶれやすく、内層も詰まりやすい。 ・pHなどによる酵母の安定はない。	・湯種製法より作業が増える。 ・温度管理と蒸発した水分の管理が必要。

[製法による旨みと食感の関係]

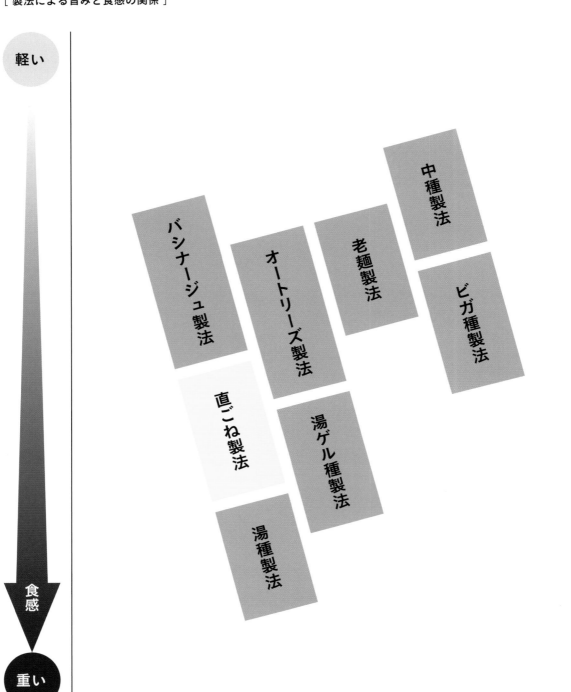

軽い

食感

重い

弱い　　　　　　　　　　　　旨み　強い

中種製法

バシナージュ製法

オートリーズ製法

老麺製法

ビガ種製法

直ごね製法

湯ゲル種製法

湯種製法

28

食パンの生地のこね方（ミキシング）

生地をこねる場合、6つのStepがあります。このうちStep1〜4は一般的なこね方として広く知られ、これで完成するとされています。Step5〜6はさらにこね続けた場合で、本書ではStep5まで使ったこね方を使います。

Step1

ざっくり混ざった状態

（グルテン＝スタンバイ完了）

粉と水などの材料が混ざって粉っぽさがなくなった状態。

Step2

均一に混ざった状態

（グルテン＝均一の状態になる）

水が小麦粉などに吸収され、1つのかたまりになる状態。

Step3

グルテン結合の調節①

（グルテン＝縮む力が増大）

弾力性が強くなってくるが、のびる力は少ない。台や手についた生地が離れやすくなる。

Step4

グルテン結合の調節②

（グルテン＝のびる力が増大）

のびる力が増して、弾力性とのバランスがよくなる。手に取って生地をのばすと、弾力がありつつ薄くのびてなめらかな状態。

Step5

グルテン結合の調節③

（グルテン＝縮む＜のびる）

さらに混ぜると弾力が減少してのびる力が増していく。結果のびすぎる生地になる。

Step6

グルテン結合の調節④

（グルテン＝弾力なしでのびるだけ）

弾力性の消失。パン生地というよりお菓子で使うような生地になる。

[こねる強さとこねる回数の関係]

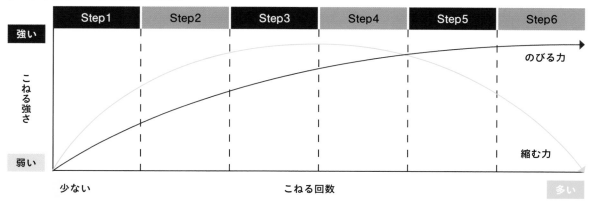

29

製法別工程

工程は各製法によって異なります。基本の直ごね製法の工程をもとにして、それぞれの製法の工程の違いを見てみましょう。

基本の直ごね製法

〈本ごね〉
ミキシング　粉100%

材料を均一に混ぜながらまとめてこね、必要な骨格を作る。生地を大きく動かしすぎないようにする。

↓

一次発酵

発酵で旨みを増やしながら膨らませる。骨格の強さを確認しながらたくさん膨らませる。骨格がゆるんで弱くなり、酵母の活性化も、気泡の大きさも不均一になるため、必要に応じてパンチをする。

↓

分割・丸め

弱った骨格の気泡を保持できるように、表面を張らせながら骨格の補強と形と気泡をととのえる。

↓

ベンチタイム

骨格の強さを確認しながら少し膨らませる。

↓

成形

目的の骨格の補強をし、形をととのえる。

↓

最終発酵

骨格が弱りきる前までたくさん膨らませる。

オートリーズ製法

〈生地〉
ミキシング　粉100%＋水（＋モルト）

粉の中の酵素活性を促し、旨みと甘みを増やす。グルテン骨格が早くスムーズにつながるため、やさしく混ぜて粉っぽさがなくなったら終了。短時間で行う。

↓

〈本ごね〉
ミキシング

生地に酵母を加え、最後に塩を加えて骨格を引き締める。

↓

一次発酵以降は、基本の直ごね製法と同じ。

バシナージュ製法

〈種〉
ミキシング　粉100%

基本の直ごね製法の本ごねのミキシングと同じ。ただし、あとから加える水によって骨格がゆるみやすいため、しっかりと強い骨格を作っておく。

↓

一次発酵

骨格がゆるんで弱くなり、横広がりになるので、必要に応じてパンチを行い、早めに骨格を強くする。

↓

分割・丸め

基本の直ごね製法の本ごねの分割・丸めより少し骨格を強くするように形をととのえる。

↓

ベンチタイム以降は、基本の直ごね製法と同じ。

老麺製法

〈種〉
ミキシング　粉100%＋水＋酵母＋塩

↓

一次発酵までは、基本の直ごね製法と同じ。

↓

〈本ごね〉
ミキシング

基本の直ごね製法と同じ。

↓

一次発酵

少し膨らみやすく、骨格や気泡がつぶれにくい。旨みは少し増える。

↓

分割・丸め以降は、基本の直ごね製法と同じ。

中種製法（約30%）

〈種〉
ミキシング　粉30％＋水＋酵母

　粉っぽさがなくなるまで強めに混ぜて終了。生地のツヤがなくても、不均一でもOK。

↓

〈本ごね〉
ミキシング　粉70％

　基本の直ごね製法より30％程度骨格が強いので、やや強い力でこねる。

↓

一次発酵以降は、基本の直ごね製法と同じ。

中種製法（約60%）

〈種〉
ミキシング　粉60％＋水＋酵母

　粉っぽさがなくなるまで強めに混ぜて終了。生地のツヤがなくても、不均一でもOK。

〈本ごね〉
ミキシング　粉40％

　基本の直ごね製法より60％程度骨格が強いので、材料が均一に混ざるように、強く大きくこねる。

↓

一次発酵

　生地全体の60％程度は種の発酵で終了しているので、短時間（最低20分程度）でいい。

↓

分割・丸め

　骨格がしっかりしているので、形をととのえるだけでいい。気泡もほとんどない。

↓

ベンチタイム以降は、基本の直ごね製法と同じ。

ビガ種製法

〈種〉
ミキシング　粉20〜100％＋水＋酵母

　粉っぽさがなくなるまで強めに混ぜて終了。生地のツヤがなくても、不均一でもOK。こね上げ温度は低めで18〜22℃。発酵温度も同じにし、12〜20時間程度の長めに。小麦の旨みは中種製法より多い。

↓

〈本ごね〉
ミキシング以降は、中種製法と同じ。

湯種製法

〈種〉
ミキシング　粉20％＋湯（80℃以上）（＋塩）

　材料が均一になるようにしっかり混ぜ、粗熱が取れたら終了。アミラーゼ活性によって甘みがやや多い。でんぷんのα化によってもちもち度が強い。ただし、たんぱく質（グルテン骨格）が熱変性するので骨格のダメージは大きい。

↓

〈本ごね〉
ミキシング　粉80％

　湯種が不均一にα化し、ダマになりやすい。グルテン骨格の形成が難しい。基本の直ごね製法より弱い力で長めにこねる。

↓

一次発酵

　骨格が弱いので膨らませすぎない。

↓

分割・丸め

　基本の直ごね製法より、少し骨格を強くするように形をととのえる。

↓

ベンチタイム以降は、基本の直ごね製法と同じ。

湯ゲル種製法

〈種〉
ミキシング　粉10％＋水

　材料が均一になるようにしっかりと混ぜ続け、火にかけて設定した温度、水分量になったら終了。アミラーゼ活性によって甘みが多い。でんぷんの均一なα化によってしっとり、もっちりする。ただし、たんぱく質（グルテン骨格）が熱変性するので骨格のダメージは大きい。

↓

〈本ごね〉
ミキシング　粉90％

　湯ゲル種は均一にα化し、ダマになりにくい。グルテン骨格は形成しやすい。基本の直ごね製法に近い力でこねる。

↓

一次発酵

　骨格が少し弱いので膨らませすぎない。

↓

分割・丸め

　基本の直ごね製法より少し骨格を強くするように形をととのえる。

↓

ベンチタイム以降は基本の直ごね製法と同じ。

その他の主材料について

パン作りの主材料は小麦粉や酵母のほかに、水と塩があります。それぞれの注意点や役割を知っておきましょう。

〈 水 〉

硬度

硬度とは水の中に溶け込んでいる無機塩類（ミネラル）を炭酸カルシウム塩に換算したものを数字で表したもの。パン作りでは硬度は生地の引き締まり方に関わります。硬度が0だと生地は引き締まりにくく、硬度が高いと生地が引き締まりすぎて膨らみにくくなります。グルテンを多く使ったものやそれほどやわらかくない生地は、低い硬度でほどよく引き締めればきれいな形に膨らみます。逆にグルテンが弱すぎるものややわらかすぎる生地は、高い硬度で形を少し残すことができます。一般的にしっかりこねるバターロールやパン・ド・ミなどでは、硬度60ぐらいの水を使うときれいな形に仕上がります。日本の水道水の硬度はだいたい30〜50。フランスパンなどはフランスの水道水の硬度（200〜300）に近づけると、本場に近いものに焼き上がるはずです。

水分活性（結合水と自由水）

水は生地の中で「結合水」と「自由水」の2つに分かれて存在します。「結合水」はたんぱく質や糖、塩などとしっかりと結びつき、水分子が動けなくなっている状態。水が必要な微生物も利用することができないため、腐敗しにくい性質があります。「自由水」は「結合水」以外の水のこと。水の分子が自由に動くことができるため、凍りやすく、気化しやすく、微生物が利用しやすいので、腐敗しやすい性質があります。パン作りでは、「結合水」を多くするとしっとりとして長もちしますが、酵母を元気にするために「自由水」が豊富にあることも必要です。水分活性は「結合水」と「自由水」の割合を表したもので、「自由水100％＝水分活性1」とし、「水分活性」が1以下になればなるほど、微生物が繁殖しにくく酵母の元気もなくなります。

pH（ペーハー）

pHとは水に溶けている水素イオン濃度を数字で表したもの。パン作りではpHがたった1違うだけで、大きな影響を及ぼすことになります。1違うと10倍、2違うと100倍（対数関数の計算式から）にもなります。だからpH値は小数点第一位まで細かく書かれていることが多いのです。ほとんどの酵母は弱酸性（pH=5〜6）ですごく元気になるので、仕込み水もアルカリ性よりほんの少し酸性の水を使った方が、酵母が早く元気になります。

〈 塩 〉

パン作りで塩の役割は4つあります。

役割①
味を引き立たせる（対比効果）

異なる味があるときに、一方の味がもう一方の味を強く引き立てる効果。リーンなパンでは小麦粉の味を引き立たせる。

役割②
たんぱく質の変性
（アミノ基やカルボキシル基）

グルテンなどのたんぱく質を溶かしたり変性することで生地を引き締め、酵素にも働いて酵素活性の抑制につながる。

役割③
結合水を作って、微生物の繁殖をおさえる

結合水を作るので保水力は高まるが、微生物の繁殖をおさえて酵母が働きにくくなる。焼き色が少しつきやすいパンになる。

役割④
浸透圧が高くなって脱水作用を起こす

浸透圧が高くなると酵母の内側から水分を奪い、酵母が働きにくくなる。

塩の使い方

塩はグルテンを引き締めるだけでなく味にも大きな影響を及ぼします。グルテンの量によって量の加減をしたり、種類を使い分けたりしましょう。

弱い	塩味	強い
0.7%	1.5%	2%
A		**B**
多い	グルテン	少ない

A グルテンが多いときは、塩を多く使いすぎるとグルテンが強く引き締まりすぎてのびにくい生地になってしまうので量を控える。

B グルテンが少ないときは、塩を多めに使うと少ないグルテンでも引き締まって保形性がよくなる。また、塩味が強くなるが、にがり成分が多めの塩を選べば塩味を弱めることができる。

副材料について

パン作りの副材料は糖、油脂、乳、卵、具の5つです。これらについても注意点や役割を知っておきましょう。

〈 糖 〉

糖質は酵母のアシスト役、水のアシスト役、小麦粉のマイナスのアシスト役であり、味、焼き色に対して影響を及ぼします。

酵母のアシスト役

ショ糖を主成分とするものは、酵母の生存に必要な直接的な栄養源になり、でんぷんなどから分解された麦芽糖は、間接的なえさになります。酵母をより元気に働かせるためには、小麦粉に対して0～10%。入れすぎると（10～35%）浸透圧の作用で酵母の発酵するスピードが抑制され、50%を超えると、酵母の発酵するスピードは急激に落ちます。

水のアシスト役

砂糖（ショ糖を主成分とするもの）には水をくっつけて離しにくくする性質（結合水）があり、確実な結合水が生地の中に入ることで、しっとりとして長もちするパンが作れます。液状のはちみつなどは、もともと結合水が含まれているものなので、あとから加える水分量は結合水の分だけ減らします（はちみつの場合は20%）。

小麦粉のマイナスのアシスト役

砂糖はグルテンを作るときには必要ないものですが、酵母にとってはえさになるので必要なもの。だから小麦粉がグルテンを作るまでに不要な砂糖が入っている生地は、生地ができ上がるまでに時間がかかります。

味

甘みと風味が出てきます。砂糖を加えると直接甘みを感じられ、糖が酵母によって分解されると、アルコール、アセトアルデヒド、ケトン体、エステル化合物などの副産物が生まれ、風味成分となります。

焼き色

砂糖を高温で焼くと、カラメル化した焼き色と、砂糖とたんぱく質（アミノ酸）と熱とのメイラード反応による焼き色がつきます。そして焼成温度や時間、たんぱく質の種類によって、さまざまな香り成分も同時に生み出されます。主材料のみのパン作りできれいな焼き色と香ばしい香りがあるのは、おもにメイラード反応によるものなので、たんぱく質量が多めの小麦粉を選びます。グルテンが多い小麦粉（表示でたんぱく質量が少なめの強力粉）で焼き上げた場合は、パンはふわふわにはなりますが、複雑な香りは乏しくなります。

〈 油脂 〉

油脂は味、グルテンがのびるアシスト役として
パン作りに影響を及ぼします。

味

油脂独特の味や香りをつけます。

グルテンがのびるアシスト役

小麦粉の中で作られるグルテン骨格のプラス
とマイナスのアシストを行います。
グルテンは「のびる」＆「縮む」働きがあり、
**小麦粉と水を混ぜた場合は、グリアジンの働
きでのび、グルテニンの働きで縮みます。**生
地をこねると「のびる」と「縮む」は同時に働
いていますが、こねればこねるほど「縮む」
力が強くなります。ここに同じかたさの油脂

（固体のもの）を加えると、油脂が潤滑油の
ように働いて、**「のび」をプラスにアシストし、
ふわふわの軽いパンに仕上がります。**
こねる前に水といっしょに油脂（液体のもの）
を加えると、こねるときの「縮む」を邪魔し
てマイナスにアシストするので、ただ「のび
る」だけの生地になってしまい、ザクザクの
パンに仕上がります。

[油脂とパンの適性]

油脂

固体（かたい）	液体（やわらかい）
バター コクと香りがアップするので、味の濃いパン に。食塩不使用の方が塩分濃度を調節しなく ていいので使いやすい。	**太白ごま油** 香りが少ないため、あっさりした歯切れのい いパンに。
ショートニング（トランスファットフリー） リーンでふんわりしたパンを作りたいとき や、無味無臭なので副材料の味や香りを生か したいときに。	**オリーブ油** 香りがあるので、香りと味を楽しむ歯切れの いいパンに。

〈 乳 〉

乳は味、食感のコントロール、焼き色をよく
するなどの役割があります。

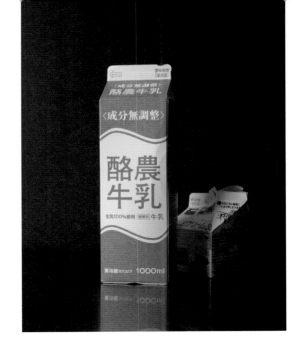

味

主材料だけでは足りない乳のコクと風味をパ
ンにプラスします。

食感のコントロール

グルテン骨格を利用して生地を作る際、小麦
粉に水を加えてこねますが、乳の中の脂肪の
割合によってグルテンのでき方が変わってき
ます。使う乳は乳脂肪分0 ~ 45%。グルテ
ン骨格をきれいにつなげたり（ふわふわパ
ン）、邪魔をしてちぎれやすくしたり（サク
サクパン）します。脱脂粉乳を使用する場合
は、粉状なので生地がかたくなって酵母が働
きにくくなるので、酵母の発酵を妨げないよ
うに配合を8%程度までにします。

焼き色をよくする

乳糖と乳たんぱく質を含んでいる乳を加える
と、メイラード反応できれいな焼き色と香り
の高いパンが焼き上がります。また表面に牛
乳を塗って焼くとツヤと香りがアップしま
す。

＊乳糖と乳たんぱく質は、乳に含まれる糖とたんぱく質のこと。

[乳別焼き上がりの違い]

生クリーム（乳脂肪分が多い）	グルテンを作りにくい	サクサクパン
牛乳（乳脂肪分が少ない）	グルテンを作るが少ない	サクふわパン
脱脂粉乳（乳脂肪分なし）	グルテンを作りやすい	ふわふわパン

〈 卵 〉

パン作りに使う卵は、卵黄と卵白に分けて使い、それぞれの機能を主材料のアシスト役にします。

卵黄の役割

コクと風味をアップします。卵黄は乳化作用をもつレシチンを多く含むため、卵黄中の脂肪分は水ときれいに混ざり合って、なめらかに生地に練り込むことができます。その結果、かたさのある油脂を加えても生地になじみ、間接的にグルテン骨格ののびをプラスにアシストします。さらに乳化作用によって保水性もよくします。

卵白の役割

卵白は90％が水分で、残りの大部分はアルブミンを主体としたたんぱく質です。このたんぱく質が焼成時に熱変性を起こして固まり、グルテン骨格の補強材になります。さらに熱変性の際、生地中に糖があればメイラード反応が強く進み、パンの焼き色がよくなります。ただし、卵白中の水分は焼成の過程で消失していくため、焼き上がったパンが乾燥しやすいという欠点があります。

卵黄と卵白の使い方

パン作りでは、卵黄と卵白の比率を変えて調整します。粉に対して全卵30％を超える配合では、卵白の影響が大きくなるので、卵黄を増やしてパサパサになるのを防ぎます。油脂をたくさん入れる配合では、卵黄の乳化作用をたくさん取り入れたいので、卵白は増やさず、卵黄を増やします。

〈 具 〉

具材には甘い具材、塩味のある具材、熱が加わると溶ける具材、ドライフルーツ、ナッツなどがあります。

甘い具材

具材の表面に砂糖が結晶化しているもの（大納言、マロングラッセなど）。生地中の水分が、糖の浸透圧で甘い具材の表面に出てくるので、生地から水分が抜けてしまいます（マイナス）。だから具材の配合量を減らすか、生地に入れる水の量を増やします。ただし、表面に出てきた水分は結合水になっているので乾燥せず、べたべたとした状態のままでくっついています。

塩味のある具材

チーズ、青のり、桜えびなど。生地の引き締めが強くなる（プラス）効果があります。だから引き締めの分を考慮して、生地をこね上げる少し前に具材を加えます。また、これらの具材を多く入れたい場合は、生地に入れる水の量を少し増やすと、ちょうどいい引き締まりになります。

熱が加わると溶ける具材

チョコレートやチーズなど。生地は引き締まる傾向にありますが、焼成すると溶けて具材の周りの生地が強くつぶれる傾向があります。特に大きいかたまりで使用すると、つぶれて火の通りの悪い場所と空洞ができやすいので、細かくして使うことをおすすめします。

ドライフルーツ

ドライレーズン、ドライアプリコットなど。そのまま使用すると、ドライフルーツの表面の糖の浸透圧で生地の中の水分が出てきますが、その水分はドライフルーツの中に浸透していき、ドライフルーツの周りの生地がかたくなって乾燥してしまいます。この乾燥を避けるために、あらかじめドライフルーツをふやかしておいたり、シロップ漬けやアルコール漬けにしたりします。また、オイルコーティングされているものは、ぬるま湯などで表面のオイルを流してからシロップやアルコールを浸透させると、生地がかたくなるのを防ぐことができます。

＊ドライフルーツはそのフルーツから作られるお酒などを合わせて漬けると相性がいい。レーズン×赤ワイン、りんご×カルバドスなど。

ナッツ

アーモンド、マカデミアナッツ、ピーカンナッツなど。ナッツを使用する場合は、大きさとローストの強弱で使い分けます。粒が大きければしっかりとナッツの食感を感じることができますが、粒を細かくしていくと、食感はやさしくなってナッツの存在は薄れます。パウダー状のものは均一な食感になりますが、存在は感じにくくコクとして表れます。また、深くローストをかけるとナッツの香ばしさが強く出て存在感が増し、浅くかけると香ばしさは弱く感じ、他の具材の味や風味を引き立たせます。深くローストしたナッツでパンを焼く場合は、短時間で焼くなら問題ありませんが、長時間で焼く場合は表面のナッツが焦げるので注意が必要です。

パン作りの基礎知識

ここではパンを作るときに出てくる用語について解説します。工程で必ず出てくる用語なのでしっかり覚えておきましょう。

ベーカーズパーセント

材料の分量を示すとき、粉の量を100%とし、その他の材料を粉の量に対する割合で示すのがベーカーズパーセント（国際表示）です。材料全体の割合ではないので、合計すると100%を超えています。粉の量を100%とするのはパンの配合で最も多いのが粉なので、他の材料の分量を示す際の基準にするのに適しているからです。ベーカーズパーセントがあると、少量の生地でも大量の生地でも、材料の分量が計算で簡単に割り出せます。

例えば、ベーカーズパーセントが強力粉100%、砂糖5%とすると、
100gの粉なら、
砂糖は $100 \times 0.05 = 5g$
1000gの粉なら、
砂糖は $1000 \times 0.05 = 50g$
となります。

外割と内割

外割とは、ベーカーズパーセントのことで、粉の量を100%としたときの材料の割合。内割とは、材料全体の量を100%にしたときの各材料の割合です。パン作りでは通常、材料表の粉の割合だけを内割100%で表示します。

違う型を使う場合は型比容積で計算

比容積とは、型の大きさに対する生地の総重量を表す数値です。型の大きさが変わったときの生地重量の目安がわかるので、この重量になるように調整します。例えば下記の計算例の比容積4というのは4倍膨らんで焼けたパンのことを意味し、比容積3よりもふわふわ度（軽さ）が高いパンです。一般にはふわふわパンの比容積は4くらいを目安にしています。

「型比容積＝型容積／生地重量」

例えば1斤ワンローフで作る食パンを、12cm角キューブで作る場合

1斤ワンローフの型容積……1840mℓ
1斤ワンローフの生地重量……460g

「型比容積＝ 1840/460 ＝ 4」

12cm角キューブの型容積は1460mℓなので4＝1460/x となり、
12cm角キューブの生地重量x＝365gになる。

この重量になるように仕込み重量や分割重量を計算して1つ分の生地量を調整する。

一次発酵

こね上げた生地に含まれている酵母が、グルテン骨格の間に炭酸ガスの気泡を作っている過程。酵母は周りに酸素があると、呼吸をしながら糖を分解して主産物である炭酸ガスをたくさん作ると同時に、風味や旨み、香り成分などの副産物をほんの少し作ります。そして炭酸ガスが増えすぎてくると元気がなくな

り、アルコール発酵に切り替えて糖を分解していき、副産物を徐々に蓄積します。ふわふわパンにするなら、酵母を元気にするプロセスを重視し、旨みが強くしっかりしたパンにするなら、副産物を蓄積する工程を重視します。この間にパンチを行って生地の調整をします。

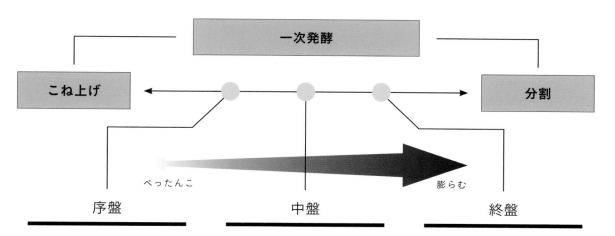

序盤

こね上げ後、まだ気泡ができていない状態で行うパンチは、グルテンの強化を目的とします。

中盤

グルテンを強化します。酵母が元気に働いて気泡が多くなると炭酸ガスが多くなっている証拠。酵母は呼吸からアルコール発酵に切り替えるので力が低下します。そこで、再度呼吸を導くためにパンチをして炭酸ガスを抜きます。

終盤

グルテンの強化と酵母を元気にします。生地の発酵はこね上げ後から外部温度と生地温度のズレが始まっているため、一次発酵の後半になればなるほど、気泡の大きさがずれてきます。そこで生地の内側を外に出して薄くした後に折り返すパンチを行って、温度の均一化と気泡の均一化を促します。

分割・丸め

一つひとつのパンの形と重さをそろえて、一次発酵でずれたグルテン骨格のゆるみや気泡の大きさをととのえるために行います。目的の形にのばしやすいようにグルテンの向きをそろえ、成形のときの力に耐えられるような強い骨格にします。

ベンチタイム

分割・丸めでととのえた気泡は、再びずれながら大きくなり、強くしたグルテン骨格も少しほぐれてきます。のびやすく成形しやすい状態にするために、生地を少しゆるませる工程です。

最終発酵

一次発酵と似ています。成形でととのえた気泡とグルテン骨格をさらにのばして、目的の食感と風味、旨み、香りを決める最後の工程です。

焼成

焼成はパン生地をのばす時間と固める時間とに分けて考え、最終発酵で生地がどのくらい膨らんだか（膨倍率）で温度や時間が異なります。ここでいう生地とはこね上げ直後の生地で、気泡がまだできていない状態。この生地を1として、最終発酵で膨らんだ生地の倍率を考えます。

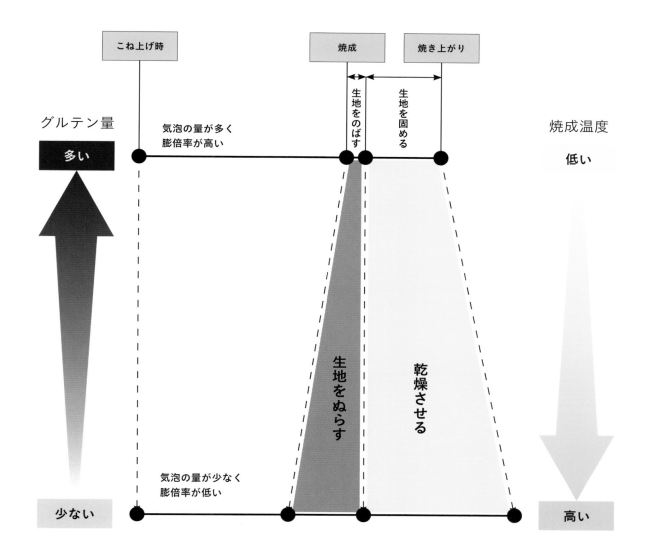

グルテン量
多い
少ない

こね上げ時

気泡の量が多く
膨倍率が高い

気泡の量が少なく
膨倍率が低い

焼成

焼き上がり

生地をのばす

生地を固める

生地をぬらす

乾燥させる

焼成温度
低い
高い

こね上げ時にグルテン量が多い生地

最終発酵で生地を目いっぱい膨らませ、グルテンがしっかりゆるんでから焼成する。生地は薄い膜状になっているため、焼成温度はやや低め。まず、周りのグルテン（たんぱく質）が熱変性でこわれてパンの骨格が固まる。次にたくさんの気泡に熱が早く伝わってさらに生地が膨らみ、内側のグルテンが固まって、でんぷんがしっかりとα化し、水分を含んだ状態になって短時間で焼き上がる。

こね上げ時にグルテン量が少ない生地

最終発酵で生地を目いっぱい膨らませないで、ある程度グルテンがゆるんだら表面に少し傷をつけて焼成する。生地は厚めの膜状になっているため、焼成温度は高温。生地に熱が伝わりにくく、グルテン（たんぱく質）が熱変性でこわれにくいため、パンの骨格が固まるのに時間がかかる。気泡にも熱が伝わりにくく生地はゆっくり膨らみ、でんぷんがしっかりとα化して水分を含んだ状態で焼き上がるのに長時間かかる。

道具のこと

〈 型 〉

紙パウンド型
140×65×高さ45mm

チーズ湯ゲル食パン（p.98）で使用。

パニムール No.2
（シリコンペーパー付き）

チョコバナナブレッド（p.132）で使用。

パニムール No.3
（シリコンペーパー付き）

レーズン湯種食パン（p.88）で使用。

スリムパウンド
（容量約1080ml）

内寸：約250（243）×70（64）×高さ65mm

ライポーリッジ種の食パン（p.116）で使用。

1斤ワンローフ
（蓋付・容量約1840ml）

内寸：約188（179）×99（93）×高さ105mm
＊浅井商店オリジナル

パン・ド・ミ（p.48）、メープル生食パン
（p.56）で使用。

12cm角キューブ
（蓋付・容量約1460ml）

内寸：約120（110）×120（110）×H110mm
＊馬嶋屋菓子道具店オリジナル

紅茶の食パン（p.108）、かのこ山食パン
（p.142）で使用。

Rワンローフ
（蓋付・容量約890ml）

内寸：190（180）×80（65）×高さ70mm
＊R＝ロティ・オラン特注の意味。

焙煎大麦食パン（p.78）、みりん食パン
（p.124）、トマト食パン（p.150）で使用。

Rスリム型
（容量約690ml）

内寸：260（240）×55（45）×高さ55mm
＊R＝ロティ・オラン特注の意味。

ハニークリーム食パン（p.68）で使用。

〈 密閉容器 〉　〈 大きい道具 〉

種や生地の量に合わせて使い分けます。本書では写真上から約280㎖、750㎖、1100㎖、1700㎖の4種類を使用。

発酵器
生地を発酵するときに使う。タッチパネルで温度は20〜45℃まで1℃単位、湿度は70〜90％まで5％単位で設定ができる。一定の温度で長時間の発酵が必要になる天然酵母の培養や種おこしにも使用できる。P.158のニーダーの容器もそのまま庫内に入る。
BRENCの「発酵器 BR-H073S」
外寸：幅43.5×奥行き53.7×高さ52.5
㎝／エムケー精工

保冷温庫
5〜60℃まで温度設定ができる。生地を発酵するときに使う。発酵器よりは設定温度に誤差が出やすいが、生地を長時間寝かせるときに冷暗所として使えるので便利。
「ポータブル保冷温庫 MSO-R1020」
庫内寸：約幅24.5×奥行き20×高さ34
㎝／マサオコポレーション（輸入元）

電気オーブン
本書では過熱水蒸気機能付きの電気オーブンを使用。ガスオーブンでもいいが温度や時間が多少異なる。

〈 小さい道具 〉

はかり
本書では0.01gまではかれるものと1g単位ではかれるものを使用。

温度計
生地の中まで入れられる食品温度計と、生地に触れずにはかれる放射温度計。どちらでもいいが放射温度計のほうがおすすめ。

ボウル
大中小をいくつかそろえておくと便利。材質はなんでもいい。

泡立て器
種おこしなどで液体を混ぜ合わせるときに使用。小さめのものでいい。

ゴムべら
生地を混ぜるときに使う。大小あると便利。

カード
生地を取り出したり、分割するとき、本ごねで生地をすくうときなどに使う。

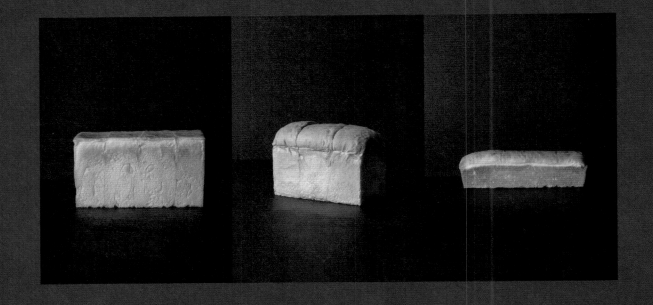

さぁ、食パンを作りましょう

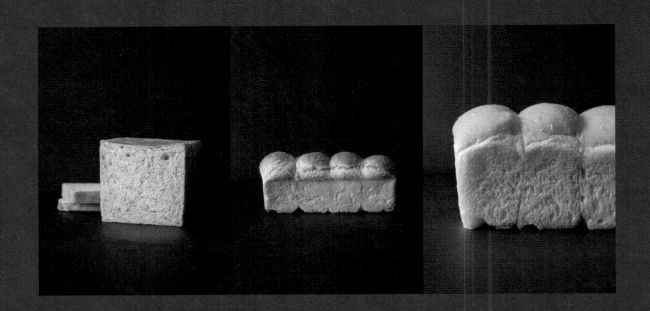

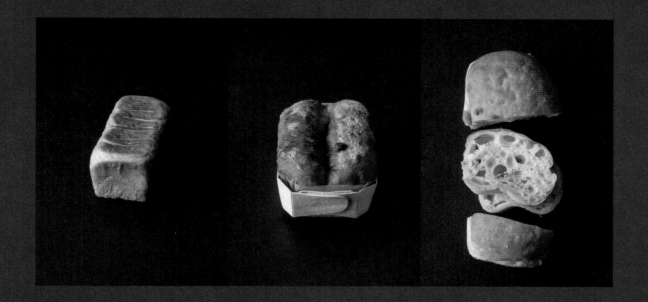

パン作りの基礎知識を知った上で実際に食パンを作ってみましょう。

さまざまな発酵種や製法を使って、食感や味わいが異なる食パンを作ります。

型を変えることで大きさも形も異なる食パンが完成します。

発酵種から作ると時間がかかるものがありますが、

その分深い味わいが感じられます。

家庭製パンならではの本格的な食パン作りにぜひチャレンジしてください。

パン・ド・ミ

主役は国産小麦の春よ恋。これに日本人好みのキタノカオリのでんぷんを加え、発酵種の中でも生地を膨らませやすいホップス種を組み合わせて、素朴ながらぜいたくな味わいに。ほんのりホップの苦みを感じてもらいつつ、風味を損なわずに軽い食感にするためにオーガニックショートニングで伸展性を追加しました。

材料　1斤ワンローフ（蓋あり）　1つ分

□本ごね

	ベーカーズ%	分量g
小麦粉（春よ恋）	90	225
小麦粉（キタノカオリ）	10	25
ホップス種エキス	40	100

＊ ビールと日本酒の中間のような味と風味をもち、膨らみやすい種。

	ベーカーズ%	分量g
海人の藻塩	1.8	4.5

＊ ミネラル分が多く、塩味をおさえて生地を引き締める。

	ベーカーズ%	分量g
きび砂糖	3	7.5
水	40	100
オーガニックショートニング	6	15

＊ 室温に戻す。

	ベーカーズ%	分量g
Total	190.8	477

ホップス種エキスの作り方

	1日目	2日目	3日目	4日目	5日目
ホップス煮汁	40g	25g	12.5g	12.5g	12.5g
小麦粉（春よ恋）	30g	20g	10g	—	—
マッシュポテト	75g	37.5g	37.5g	37.5g	37.5g
りんごのすりおろし	10g	7.5g	5g	5g	5g
水	95g	80g	120g	150g	150g
米麹	2.5g	2.5g	2.5g	2.5g	2.5g
きび砂糖	—	2.5g	2.5g	2.5g	2.5g
前日の種	—	75g	62.5g	50g	45g

ホップス煮汁は小鍋にホップスの実4gと水200gを入れて沸騰させ、弱火で半量になるまで約5分煮る。3日目までは熱いホップス煮汁と粉を混ぜたものを使う。保存瓶に材料をすべて入れて、よく混ぜる。混ぜ上げ温度27℃。28℃で6時間ごとに攪拌する。ここではこのエキスを使用する。

工程

□本ごね

ミキシング

こね上げ温度25℃。

キタノカオリの高い吸水性により、80％の加水率でも「**基本のたたきごね**」が強く簡単にできる設定。

↓

一次発酵

30℃で2.5倍くらいになるまで発酵（4時間くらい）。

膨らみを優先させる高めの発酵温度に設定。

↓

分割・丸め

4分割。

4つの角をつまんで、ガスを抜かないようにやさしく丸める。

ベンチタイム2〜3分。

↓

成形

食パン成形の基本である「**ロール成形**」。このとき大きなガスをぬくこと。

↓

最終発酵

35℃でトップが型の9分目になるまで発酵（2時間30分くらい）。

膨らみを最優先にする発酵温度に設定。

↓

焼成

蓋をして180℃で20分、向きを変えて180℃で5〜7分。

断面からわかること

蓋をしてちょうど角ができるくらいの膨らみで焼き上げることで、比容積とともに食感が自分のイメージ通りの軽さ（ふわふわ度）になっていることを確認する。最終発酵が長めのため、内層の気泡はやや不均一。比容積を変えることで自分好みの食感を見つけて楽しんでほしい。

作り方

本ごね

1 ミキシング

春よ恋にキタノカオリを加えて、袋をふって混ぜる。

2

ボウルに塩、きび砂糖、水を入れ、ホップス種エキスと粉を順に加える。

3

ゴムべらで下から上に返しながら切るようにして、粉気がなくなるまで混ぜる。

4

台に出して手で25cm角くらいに広げる。

＊このときかたい場所があったら手でほぐしてならす。

5

カードですくい集めてひとまとまりにする。

6

「カードですくう→台に強く落とす→奥側に折る」を6回4セット行う。

基本のたたきごね

7

ショートニングをのせて手で25㎝角くらいに広げる。

8

「カードで半分に切る→重ねておさえる」を8回繰り返す。

9

「カードですくう→台に強く落とす→奥側に折る」を6回5セット行う。

10 こね上げ温度25℃

さらに「カードですくう→そっと台に落とす→そっと奥側に折る」を6回行う。

＊生地の表面をととのえるために行う。

発酵前　　発酵後

11 一次発酵

容器に入れて30℃で2.5倍くらいになるまで発酵（4時間くらい）。

12 分割・丸め・ベンチタイム

台と生地の周囲に打ち粉をふり、壁面にカードを差し込んで容器をひっくり返して台に出す。

13

はかりではかりながら4
分割にする（1つ約115g）。

14

4つの角を中心に集めてつまんで持ち上げ、手にのせて回しながらとじる。残りの生
地も同様に行う。そのまま台に2〜3分おく。

15　成形

やさしくおさえて直径
10cmくらいに広げ、手前
から奥側⅓のところへ折
って軽くおさえる。
ロール成形

16

奥側から手前⅓のとこ
ろに折って軽くおさえ
る。

17

向きを変えて手前から奥側にやさしく巻く。残りの生
地も同様に行う。

発酵前　　発酵後

18

とじ目を下にして置き、同じ向きで端から順に型に入れる。

19 最終発酵

35℃でトップが型の9分目になるまで発酵（2時間30分くらい）。

20 焼成

蓋をして180℃で20分、向きを変えて180℃で5〜7分焼く。蓋を取って型から出し、網にのせて冷ます。

メープル生食パン

ふわふわ、やわやわパンケーキのような食パン。焼きたては厚めにカットしてそのままやわらかさを楽しんでください。翌日もやわらか食感は同じです。またフレンチトーストにすると、これも絶品。マスカルポーネのコクを感じながらベーコンエッグといっしょにいただくのもおすすめです。生地を膨らませやすいホップス種を、中種（かための元種）に変化させて、さらに強くこねやすく、膨らませやすくします。その上で冷暗所長時間発酵で小麦の旨みを引き出し、メープルの隠し味として奥行きを出します。

材料　1斤ワンローフ（蓋なし）　1つ分

□中種

	ベーカーズ%	分量g
小麦粉（はるゆたかブレンド）	60	165
＊少しだけ粉の旨みも引き出したいので、灰分量がやや多めの強力タイプを使用。		
ホップス種エキス	10	27.5
＊ビールと日本酒の中間のような味と風味をもち、膨らみやすい種。		
水	30	82.5
Total	100	275.0

□本ごね

	ベーカーズ%	分量g
小麦粉（春よ恋）	40	110
中種	100	275
海人の藻塩	1.6	4.4
メープルシロップ	30	82.5
水	20	55
マスカルポーネ	20	55
バター（食塩不使用）	15	41.3
＊室温に戻す。		
Total	226.6	623.2

ホップス種エキスの作り方

	1日目	2日目	3日目	4日目	5日目
ホップス煮汁	40g	25g	12.5g	12.5g	12.5g
小麦粉（春よ恋）	30g	20g	10g	—	—
マッシュポテト	75g	37.5g	37.5g	37.5g	37.5g
りんごのすりおろし	10g	7.5g	5g	5g	5g
水	95g	80g	120g	150g	150g
米麹	2.5g	2.5g	2.5g	2.5g	2.5g
きび砂糖	—	2.5g	2.5g	2.5g	2.5g
前日の種	—	75g	62.5g	50g	45g

ホップス煮汁は小鍋にホップスの実4gと水200gを入れて沸騰させ、弱火で半量になるまで約5分煮る。3日目までは熱いホップス煮汁と粉を混ぜたものを使う。保存瓶に材料をすべて入れて、よく混ぜる。混ぜ上げ温度27℃。28℃で6時間ごとに撹拌する。ここではこのエキスを使用する。

工程

□中種

こね上げ温度25℃。
30℃で2倍くらいになるまで発酵(4時間くらい)。
膨らみを優先させる高めの発酵温度に設定。
中種は本ごねでかなり強くたくさんこねて早く膨らませることを目的とし、骨格と酵母の下準備を行う。

↓

□本ごね

ミキシング

こね上げ温度23℃。
のびをよくするため、しっかりと強くたくさんこねて、なめらかに均一になるように「逆折りたたきごね」を行う。

↓

一次発酵

18℃で3倍くらいになるまで発酵(20時間くらい)。
旨み発酵を優先しながら膨らみもしっかりと。

↓

分割・丸め

3分割。

↓

成形

↓

最終発酵

35℃でトップが型の縁から出るくらいまで発酵(2時間30分くらい)。
膨らみを最優先にする発酵温度に設定。

↓

焼成

過熱水蒸気ありで170℃で20分、向きを変えて過熱水蒸気なしで170℃で10分。

断面からわかること

蓋をしないことで、生地をより多く縦にのばしたふわふわたっぷりのパンになっている。最終発酵はやや長めのため、内層はしっかりと上方向に縦のびをしているが気泡は少し不均一になる。

作り方

1

ボウルに水を入れてホップス種と粉を加える。

2 こね上げ温度25℃

ゴムべらで下から上に返しながら切るようにして、粉気がなくなるまで混ぜる。

発酵前　　発酵後

3

容器に入れて平らにならす。

4

30℃で2倍くらいになるまで発酵（4時間くらい）。

5 ミキシング

ボウルに塩と水を入れてメープルシロップを加える。

6

粉を加え、ゴムべらで粉気がなくなるまでぐるぐる混ぜる。

7

中種を台に出して25cm角くらいに手で広げる。

8

6の生地をのせて、ゴムべらで全体に広げる。

9

「カードで半分に切る→重ねる」を8回繰り返す。

10

「カードですくう→台に落とす→奥側に折る」を10回、
やさしく行う。

10回終了

11

「カードですくう→台に落とす→持ち上げる→手前に
折る」を50回行う。
逆折りたたきごね

12

バターをのせて手で広げながら30cm角くらいにのばす。

13

角を持ち上げて3～4回、ぐるぐる巻く。図❶～❽の順に同様にして巻いていく。

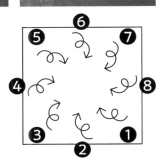

14

「カードですくう→台に落とす→持ち上げる→手前に折る」を50回行う。

15

マスカルポーネをのせて
手で広げながら30cm角
くらいにのばす。

16

角を持ち上げて3〜4回、ぐるぐる巻く。図❶〜❽の順
に同様にして巻いていく。

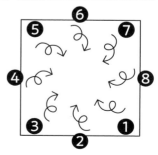

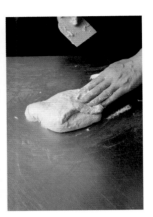

17 こね上げ温度23℃

「カードですくう→台に落とす→持ち上げる→手前に折る」を100回行う。

発酵前 　　発酵後

18 一次発酵

容器に入れて18℃で3倍くらいになるまで発酵（20時間くらい）。

19 分割・丸め

台と生地の周囲に打ち粉をふり、カードを壁面に差し込んで容器をひっくり返して台に出す。

20

はかりではかりながら3
分割にする（1つ約200g）。

21 成形

「奥側から手前1/3のところに折る→90度向きを変えて同様に折る」を4回行う。

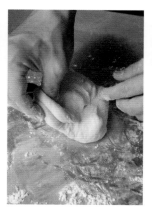

22

45度向きを変えて、奥側から手前1/3のところに折る
→手前から奥側1/3のところに折る。

23

右側から左側⅓のところに折る→左側から右側⅓のところに折って、とじ目を下にする。残りの生地も同様に行う。

24

型に両端から入れて、最後に真ん中に入れる。

発酵前

発酵後

25 最終発酵

35℃でトップが型の縁から出るくらいまで発酵（2時間30分くらい）。

26 焼成

過熱水蒸気ありで170℃で20分、向きを変えて過熱水蒸気なしで170℃で10分。型から出して、網にのせて冷ます。

ハニークリーム食パン

クラムは生クリームの濃厚なコクとしっとり感、クラストは歯切れのいい食パンです。老麺を使用することで、安定して少し膨らみやすく、少し発酵の旨みと水和のしっとり感を追加しました。あえてふわふわ感をねらわずに、パウンドケーキのような食感に仕上げるのがポイントです。

材料　Rスリム型　1つ分

□老麺（チャバタ老麺）

	分量g
小麦粉（タイプER）	50

＊準強力タイプで灰分量が多めの粉。米麹を微量に含み、甘みが出る。小麦の味が強く骨格の主役になる。

インスタントドライイースト	0.2
海人の藻塩	1.0

＊ミネラル分が多く、塩味をおさえて生地を引き締める。

水	50

	Total	101.2

□本ごね

	ベーカーズ％	分量g
小麦粉（はるゆたかブレンド）	80	120

＊少しだけ粉の旨みも引き出したいので、灰分量がやや多めの強力タイプを使用。

小麦粉（タイプER）	20	30

＊準強力タイプで灰分量が多めの粉。米麹を微量に含み、甘みが出る。小麦の味が強く骨格の主役になる。

老麺（チャバタ老麺）	10	15
海人の藻塩	2.0	3.0

＊ミネラル分が多く、塩味をおさえて生地を引き締める。

はちみつ	15	22.5

＊味や風味が強い。結合水を多く含む糖類を使い、保水性を高める。

モルト希釈液（モルト：水＝1：1）	0.8	1.2

＊酵素により甘さと生地のほどよいゆるみを促す。

生クリーム（乳脂肪分35％）	40	60
水	50	75
バター（食塩不使用）	10	15

＊室温に戻す。

	Total	227.8	341.7

工程

□老麺（チャバタ老麺）

こね上げ温度23℃。

室温で20分発酵させ、生地を巻きつける。さらに室温で20分発酵させて生地を巻きつけ、30℃で1時間発酵後、冷蔵庫に一晩。

膨らみを優先させる高めの発酵温度に設定。ほんの少しこねやすくし、しっとり（水和）させる。

本ごねの酵母のpHを弱酸性にし、旨みを出す。

本ごねでは酵母を使わず、老麺のイーストのみが酵母となる。

↓

□本ごね

ミキシング

こね上げ温度23℃。

「**基本のたたきごね**」を行う。

↓

一次発酵

室温で1時間、その後18℃で2〜2.5倍になるまで発酵（15時間くらい）。

酸味が出にくいパン酵母（イースト）で膨らみよりもしっとりと。ゆっくりと発酵させて旨みを優先する。

↓

丸め

ベンチタイム15分。

↓

成形

「**バゲット成形**」を行う。

↓

最終発酵

35℃でトップが型の8分目になるくらいまで発酵（1時間くらい）。

膨らみを最優先にする発酵温度に設定。

↓

焼成

200℃で15分、向きを変えて200℃で3〜5分。

断面からわかること

しっとり食感をねらうため、最終発酵で生地が大きく膨らんでいないタイミングで焼き上げる。蓋をすると火通りが悪く、ねちっとなりやすいので、蓋をしないで焼く。内層は丸い気泡が不均一に入る。

作り方

老麺（チャバタ老麺）

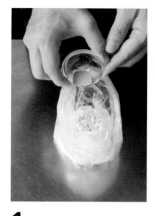

1

粉にドライイーストを加
える。

2

袋をふって混ぜる。

3

容器に塩と水を入れ、**2**
を加える。

4 こね上げ温度23℃

ゴムべらで粉気がなくな
るまで混ぜる。

5

蓋をして室温で20分発
酵させる。

6

ゴムべらを角から差し込
んで中央にすべらせる。
＊ **ゴムべらの先端をしっかり
中心におしつける。**

7

ゴムべらを立てて、ぐる
ぐる回しながら生地を巻
きつけていく。

8

生地が容器からはずれた
ら終了。指でゴムべらか
ら生地をはずす。蓋をし
て室温で20分発酵する。

発酵後

9
6と同様にゴムべらを角から差し込んで中央にすべらせる。

＊ **ゴムべらの先端をしっかり中心におしつける。**

10
ゴムべらを立てて、ぐるぐる回しながら生地を巻きつけていく。

11
生地が容器からはずれたら終了。指でゴムべらから生地をはずす。蓋をして30℃で1時間発酵後、冷蔵庫に一晩。

本ごね

12　ミキシング
はるゆたかブレンドにタイプERを加える。

13
袋をふって混ぜる。

14
ボウルに塩、モルト希釈液、はちみつ、生クリーム、水を入れ、老麺を加える。

15
13の粉を加える。

16

ゴムべらで下から上に返しながら切るようにして、粉気がなくなるまで混ぜる。

17

台に出し、20cm角くらいに手でやさしくのばす。

＊ 老麺のかたまりがないかを確認しながらのばす。もしあった場合は指先でほぐして生地になじませる。

18

カードで生地をかき集めてひとまとまりにする。

19

「カードですくう→台に落とす→奥側に折る」を6回4セット行う。

基本のたたきごね

＊ 生地が少しやわらかいのでやさしく扱う。

20

バターをのせて、20cm角くらいに手でのばす。

21

「半分に切る→重ねて手でやさしくおさえる」を8回繰り返す。

22

「カードですくう→台に落とす→奥側に折る」を6回3～4セット行う。

23

強くたたきつけてひっぱるとのびにくくなり、表面にツヤがでてきたら終了。

＊夏場と冬場で状態が異なる。ツヤができない場合は4セット行う。

24

容器に入れて蓋をし、室温に10分おく。

25

ゴムべらを角から差し込んで中央にすべらせる。

26

ゴムべらを横にし、ぐるぐる回しながら生地を巻きつけていく。

27 こね上げ温度23℃

生地が容器からはずれた
ら終了。指でゴムべらか
ら生地をはずす。

発酵前

28 一次発酵

蓋をして室温で1時間発酵。その後18℃で2〜2.5倍
になるまで発酵（15時間くらい）。

発酵後

29 丸め

台と生地の周りに打ち粉
をふり、容器の壁面にカ
ードを差し込んでぐるり
と回す。

30

容器をひっくり返して生
地を台に出す。

31

腕を交差して生地の両端をつまみ、そのままクロスさ
せて重ねてとじる。

32

とじ目を持って半分に折
る。

33

生地の向きを変えて再び腕を交差して生地の両端をつまみ、そのままクロスさせて重ねてとじる。

34

とじ目を持って前に折り込んでとじ目を下にする。

35 ベンチタイム

ぬれぶきんをかけて15分おく。

36 成形

台に打ち粉をふり、生地をカードですくってひっくり返す。

37

指で20cm角くらいに広げながら、大きなガスを抜く。

38

手前から奥側1/3のところに折って軽く指でおさえ、奥側からも同様にして折る。

バゲット成形

発酵前　　　　　　　　発酵後

39

片方の手で端をおさえ、反対の手で半分に折りながら内側に巻き込んでいく。

40

手のひらを前後させて30㎝くらいにし、とじ目を下にして型に入れる。

41　最終発酵

35℃でトップが型の8分目になるくらいまで発酵（1時間くらい）。

42　焼成

200℃で15分、向きを変えて200℃で3〜5分焼く。型から出して網にのせて冷ます。

焙煎大麦食パン

焙煎大麦の香りを前面に出した、ふんわり、しっとり、やわやわの長もち食パン。オート
リーズ製法を取り入れ、水和の促進と少しこねやすくすることを考えた設定です。黒ビー
ルをバシナージュで加えて焙煎の香りを後押しします。ローストビーフやプロシュート、
ウォッシュタイプなどのクセのあるチーズといっしょに楽しめるパンです。

材料　Rワンローフ（蓋あり）　1つ分

☐オートリーズ風

	ベーカーズ%	分量g
小麦粉（春よ恋）	96	144
焙煎大麦粉	4	6
インスタントドライイースト	0.4	0.6
はちみつ	6	9

＊味や風味が強い。結合水を多く含む糖類を使い、保水性を高める。

	ベーカーズ%	分量g
水	70	105
Total	176.4	264.6

☐本ごね

	ベーカーズ%	分量g
生地（オートリーズ風）	176	264
海人の藻塩	2.0	3.0

＊ミネラル分が多く、塩味をおさえて生地を引き締める。

	ベーカーズ%	分量g
黒ビール	20	30
オーガニックショートニング	10	15

＊室温に戻す。

	ベーカーズ%	分量g
ローストカシューナッツ	10	15
ローストピーカンナッツ	5	7.5
Total	223	334.5

工程

□オートリーズ風

こね上げ温度25℃。
室温で20分発酵。
本来は粉と水だけで作る製法だが、あえてはちみつを加えて生地をゆるませることを目的に、本ごねの材料を減らし、しっかりとバシナージュしながら90％の加水率を実現する。

↓

□本ごね

ミキシング

こね上げ温度25℃。
「逆折りたたきごね」を行う。

↓

一次発酵

30℃で2倍くらいになるまで発酵（2時間くらい）。その後冷蔵庫で2.5～3倍になるまで発酵（一晩くらい）。
膨らみを優先させる高めの発酵温度に設定。旨みと香りは黒ビールと焙煎大麦にになわせる。

↓

分割・丸め

2分割。

↓

成形

「バゲット成形」。
棒状にのばしてW字形にする。
2つのW字にすることで小分割8つを並べた状態と同様にして、ゆるい生地をつぶれにくくする成形を行う。

↓

最終発酵

35℃でトップが型の8分目くらいになるまで発酵（1時間くらい）。
膨らみを最優先にする発酵温度に設定。

↓

焼成

蓋をして190℃で15分、向きを変えて190℃で5分。

断面からわかること

ふんわり、しっとり食感を均一にねらうため、蓋をして角ができすぎないようにホワイトライン（パン上部の縁が白い部分）を残すように意識して焼き上げる。細長く蛇腹に成形することで、骨格の強さと膨らみ方を均一にする。最終発酵が短いので内層は均一。

作り方

1

小麦粉にドライイーストと焙煎大麦粉を入れて、袋を
ふって混ぜる。

2 こね上げ温度25℃

ボウルにはちみつと水、**1**の粉を入れ、ゴムべらで下か
ら上に返しながら切るようにして、粉気がなくなるま
で混ぜる。

本ごね

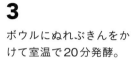

3

ボウルにぬれぶきんをか
けて室温で20分発酵。

4 ミキシング

3を台に出し、塩を入れ
た黒ビールを指につけて
20cm角くらいに広げ、残
りの黒ビールを生地の上
に広げる。

5

角の生地を持ち、内側に3回ほど巻きつける。残り3つ
の角も同様にして巻きつける。

6

生地をすくって半分に折り、こぼれた液をいっしょにすくって生地に数回なじませていき、両手で生地を持って、液を入れ込みながらもみ込んでいく。

7

液体がなくなるまでもみ込んだら「カードですくう→台に落とす→持ち上げる→手前へ折る」を10回3〜4セット行う。
逆折りたたきごね

8

生地を広げてみて、オートリーズのダマがなくなってきたらOK。

9

ショートニングをのせ、指で広げながら20cm角くらいにのばす。

10

角を持って内側に3〜4回巻きつける。残り3つの角も同様にして巻きつける。

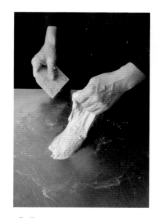

11

「カードですくう→台に落とす→持ち上げる→手前に折る」を10回4セット行う。

12

ナッツ類を指で砕きながらのせる。

13

「カードで切って重ねる→おさえる」を8回繰り返す。

14 こね上げ温度25℃

「カードですくう→台にやさしく落とす→持ち上げる→奥側に折る」をやさしく6回繰り返す。

発酵前

発酵後

15 一次発酵

容器に入れて30℃で2倍くらいになるまで発酵(2時間くらい)。その後冷蔵庫で2.5〜3倍になるまで発酵(一晩くらい)。

16 分割・丸め

台と生地の周りに打ち粉をふり、容器の壁面にカードを差し込んで、容器をひっくり返して台に出す。

17

はかりではかって2分割
にする（1つ約170g）。

18

向かい合う角を中心に向かって折る。

19 成形

折り目をおさえて手前か
ら奥側⅓のところに折
り、奥側から手前⅓のと
ころに折って折り目をお
さえる。

バゲット成形

20

端を手でおさえて、半分に折り込んでいく。

21

最初は真ん中を手でおさえながらごろごろ転がしての
ばし、少しのびたら両端を持って約35cmの棒状にの
ばす。

22

真ん中を折り、左右を折ってW字形にする。

23

もう1つも同様にして作り、逆さにして2つ並べる。

発酵前　　発酵後

24　最終発酵

型に入れて35℃でトップが型の8分目くらいになるまで発酵（1時間くらい）。

25　焼成

蓋をして190℃で15分、向きを変えて190℃で5分焼く。型から出して網の上で冷ます。

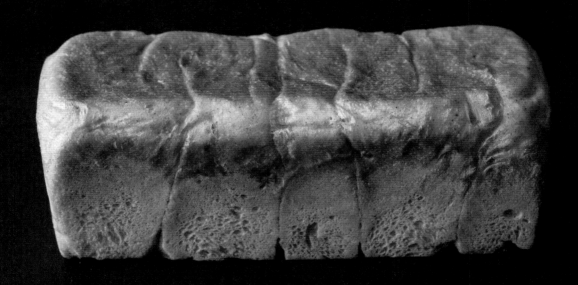

レーズン湯種食パン

グルテン骨格の弱いタイプERを、かためのビガ種製法で甘みと旨みを引き出しながら生地の土台を組みます。本ごねでふんわりゆっくりのびる生地を意識してゆめちからと湯ゲル種製法で調整するのがポイント。少し大人向きのレーズンパンです。

材料　パニムールNo.3　1つ分

□ビガ種

	ベーカーズ%	分量g
小麦粉（タイプER）	60	120

＊準強力タイプで灰分量が多めの粉。米麹を微量に含み、甘みが出る。小麦の味が強く骨格の主役になる。

	ベーカーズ%	分量g
リロンデル1895イースト	0.4	0.8
水	36	72.0
Total	96.4	192.8

□湯種

	ベーカーズ%	分量g
小麦粉（はるゆたかブレンド）	20	40.0

＊少しだけ粉の旨みも引き出したいので、灰分量がやや多めの強力タイプを使用。

	ベーカーズ%	分量g
赤ワインを沸騰させたもの	30	60.0

＊アルコールを飛ばして、ぶどうの発酵した酒の味と色を濃縮する。

	ベーカーズ%	分量g
Total	50	100.0

□本ごね

	ベーカーズ%	分量g
小麦粉（ゆめちから100）	20	40
湯種	50	100
ビガ種	96.4	192.8
海人の藻塩	2.0	4.0

＊ミネラル分が多く、塩味をおさえて生地を引き締める。

	ベーカーズ%	分量g
モルト希釈液（モルト：水＝1：1）	0.8	1.6

＊酵素により甘さと生地のほどよいゆるみを促す。

	ベーカーズ%	分量g
はちみつ	5	10

＊味や風味が強い。結合水を多く含む糖類を使い、保水性を高める。

	ベーカーズ%	分量g
水	20	40
バター（食塩不使用）	15	30

＊室温に戻す。

	ベーカーズ%	分量g
6種のレーズン漬け	30	60

【6種のレーズン漬けの作り方（でき上がり60g）】
容器にカルフォルニアレーズン10g、サルタナレーズン10g、サヤキレーズン10g、ジャンボレーズン10g、グリーンレーズン10g、カレンツ4g、ブランデー6gを入れ、2日以上漬け込む。

	ベーカーズ%	分量g
Total	239.2	478.4

□分量外

きび砂糖、バター（食塩不使用）	各適量（焼成時）

<u>工程</u>

□ビガ種

こね上げ温度28℃。28℃で2〜2.5倍になるまで発酵（2時間くらい）。その後冷蔵庫に一晩。
使う30分前に復温させる。
タイプERに含まれる米麹と冷蔵温度帯でゆっくりと発酵の持続力があるリロンデルを採用することで、甘さと旨みを引き出す。

↓

□湯種

よく混ぜて室温におく。

↓

↓

□本ごね

ミキシング

こね上げ温度23℃。
湯種はグルテンが弱い部分なので、かためのビガ種を使用することでのびをよくする。材料がしっかりと強く、たくさんこねてなめらかで均一になるように「逆折りたたきごね」を行う。

↓

一次発酵

30℃で1.5倍くらいになるまで発酵（1時間くらい）。
膨らみを優先させる高めの発酵温度に設定。

↓

分割・丸め

2分割。

↓

成形

複雑に骨格をしめながら細長くした2つの生地を並べて左右均一によくのびるように設定。

↓

最終発酵

35℃でトップが型の縁から1cmくらい出るまで発酵（1時間30分くらい）。
膨らみを最優先にする発酵温度に設定。

↓

焼成

バターときび砂糖をのせ、過熱水蒸気ありで180℃で20分、向きを変えて過熱水蒸気なしで180℃で5分。
オーブンの中で中央部分のバターが溶けている間によくのびる。

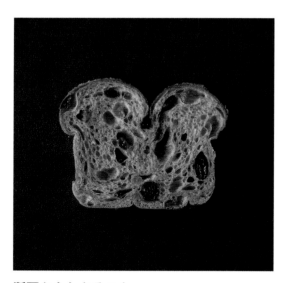

断面からわかること

ふんわりとしてパンの耳もやわらかい食感をねらうため、蓋をしないで中央部にバターをのせて焼く。こうするとオーブンの中で中央部はしっかりと膨らみ、火通りよく焼き上がる。しかし冷めると中央部は凹む。パニムールの型を使うことで、パンの耳（横）はやさしく焼けてやわらかい食感。

作り方

1

粉にイーストを入れて、袋をふって混ぜる。

2 こね上げ温度28℃

ボウルに水を入れて**1**の粉を加え、ゴムべらで下から
上に返しながら切るようにして、粉気がなくなるまで
しっかり混ぜる。

湯種

発酵前　　　発酵後

3

容器に入れて平らにならし、28℃で2〜2.5倍になる
まで発酵(2時間くらい)。その後冷蔵庫に一晩。

4

小鍋に赤ワインを入れて中火にかける。ボウルに粉を
入れ、沸騰した赤ワイン60gを加えて素早くゴムべら
で混ぜる。

91

5

粉気がなくなったらラップを密着させて室温におく。

＊すぐに使わないときは冷蔵庫に入れる。

6 ミキシング

小さな容器に塩、水、はちみつを入れ、モルト希釈液を加えて泡立て器でしっかり混ぜる。

7

5の湯種のラップをはずして**6**を少しずつ加えて手でもみ込んでいく。

8

3のビガ種をちぎって加える。

9

粉を加え、ゴムべらでぐるぐる切るようにして、粉気がなくなるまで混ぜる。

10

台に出し、指先に生地を絡みつかせながら、円を描くようにして混ぜる。

11

白い生地とピンクの生地が次第に全体になじんでくるまで混ぜる。

＊白いビガ種の生地が糸状になり、指先がかなり重い感じになったら完了。

12

カードでかき集めてひとまとまりにし、「カードですくう→台に落とす→持ち上げる→手前に折る」を50回2セット行う。

逆折りたたきごね

13

バターをのせて手で広げながら25cm角くらいにのばす。

14

角から図の❶～❽の順に内側に3～4回巻きつけていく。

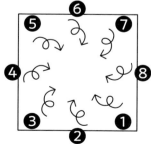

15

「カードですくう→台に落とす→持ち上げる→手前に折る」を200回行う。

＊はじめは生地がちぎれるが大丈夫。そのまま続けていく。

16

繰り返しているうちに、落とした生地がどんどんのびてくる。

＊ よくこねるのはお餅といっしょで、でんぷん質をなめらかな口どけにしたいため。さらにグルテン骨格も均一によくのばしたい。

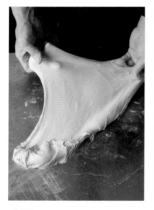

17

生地をのばしてみると、しっかりとハリがある。

18

6種のレーズン漬けをのせて全体に広げながら25cm角くらいにのばす。

19
「カードですくって生地をはらせて持ち上げる→台に落とす」を繰り返して、レーズンを生地の中へ入れ込んでいく。

発酵前　発酵後

20　こね上げ温度23℃
レーズンが生地の中へ入って、形が生地の下から浮き上がっているくらいになったら完了。

21　一次発酵
容器に入れて30℃で1.5倍くらいになるまで発酵(1時間くらい)。

22　分割・丸め
台と生地の周りに打ち粉をふり、カードを壁面に差し込んでぐるりと回し、容器をひっくり返して台に出す。

23

はかりではかって2分割
にする（1つ約225g）。

24 成形

腕を交差して手前の生地の両端をつまみ、そのままク
ロスさせて重ねてとじる。

25

とじ目を持って奥側に折
る。

26

再び腕を交差して生地の
奥側の両端をつまみ、そ
のままクロスさせて重ね
てとじる。

27

とじ目を持って手前に折
る。90度向きを変えて奥
側から手前1/3のところ
に折り、さらに手前に折
って指の腹でおさえてと
じる。

28

手で生地をおさえながら最初は中央をごろごろ転が
し、そのあと両端を両手でごろごろ転がして17cmく
らいにのばす。もう1つの生地も同様に行う。

発酵前　発酵後

29

1つの生地を手を交差させて持ち、向きを逆にする。

30

2つの生地を持ってシリコンペーパーに入れ、型に入れる。

31　最終発酵

35℃でトップが型の縁から1cmくらい出るまで発酵（1時間30分くらい）。

32　焼成

5mm角×6cmにカットしたバター（分量外）を2本、生地の間にのせ、きび砂糖（分量外）を中心にかける。

33

過熱水蒸気ありで180℃で20分、向きを変えて過熱水蒸気なしで180℃で5分焼く。

チーズ湯ゲル食パン

内層は不均一だが、均一なもっちり感とふんわりやわらかい食感。使用する小麦粉を全部ヨーグルト種を含んだ中種にすることで、膨らみをおさえ、発酵の旨みと酸味を準備します。本ごね以降は酸味を強くしたくないのでパン酵母を加えて短時間で焼き上げます。こうすることでチーズに合うやさしい酸味と旨みのパンになり、少しカビにくくなります。

材料　140×65×高さ45mmの紙パウンド型　1つ分

□湯ゲル

	ベーカーズ%	分量g
小麦粉（リスドオル）	10	10
水（△10%程度蒸発する）	50	50
Total	55	55

□オートリーズ種

	ベーカーズ%	分量g
小麦粉（ゆめちから100）	90	90
ヨーグルト種	10	10
水	50	50
Total	150	150

□本ごね

	ベーカーズ%	分量g
湯ゲル	55	55
オートリーズ種	150	150
インスタントドライイースト	0.6	0.6
海人の藻塩	1.6	1.6
＊ミネラル分が多く、塩味をおさえて生地を引き締める。		
きび砂糖	4	4
水	5	5
バター（食塩不使用）	8	8
＊室温に戻す。		
Total	224.2	224.2

ゴルゴンゾーラチーズ（ダイス）	（成形時）	15	15
プロセスチーズ（ダイス）	（成形時）	15	15

ヨーグルト種（おこし＆種継ぎ）の作り方

［種おこし］

保存容器に小麦粉全粒粉100g、水100g、ヨーグルト（プレーン）100g、はちみつ10gを入れ、細かい気泡がたくさん出てくるまで、12時間ごとにやさしくかき混ぜて発酵させる。混ぜ上げ温度28℃。30℃で24〜48時間発酵。

［種継ぎ］

保存容器に小麦粉全粒粉100g、水100g、ヨーグルト（プレーン）100g、はちみつ10g、ヨーグルト種（おこし）50gを入れ、細かい気泡がたくさん出てくるまで発酵させる。混ぜ上げ温度28℃。30℃で5時間発酵。

工程

□**湯ゲル**

65℃に温めて室温におく。
小麦粉の酵素に加え、粉に含まれる粉末モルト
に期待して湯ゲル製法を採用。湯種製法よりも
加水率を高められ、均一なしっとり感を出す設
定。

↓

□**オートリーズ種**

30℃で1時間発酵後、冷蔵庫に一晩。
膨らみを優先させる高めの発酵温度に設定。ヨ
ーグルト種を使用しているため、なるべく短い
時間で冷蔵庫に入れ、酸味をおさえる。

↓

↓

□**本ごね**

ミキシング

こね上げ温度27℃。
加水率が100%の生地をしっかりと強く、たく
さんこねるため、「逆折りたたきごね」を行う。

↓

一次発酵

30℃で1.5倍くらいになるまで発酵（1時間30
分くらい）。
膨らみを優先させる高めの発酵温度に設定。

↓

成形

基本のロール成形よりも複雑にしめる成形のバ
リエーション。「折って重ねる」作業と「編み込
み」に加え、「巻き込み」も組み合わせた成形。

↓

最終発酵

35℃でトップが型の縁からしっかり出るまで
発酵（40分くらい）。
膨らみを最優先にする発酵温度に設定。

↓

焼成

過熱水蒸気ありで180℃で20分、過熱水蒸気
なしで180℃で10分。
逆さにして冷ます。
不均一な空洞が多いのでパンがつぶれやすいた
め、シフォンケーキのようにひっくり返して冷
ます。

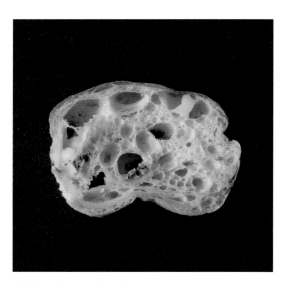

断面からわかること

加水率100%超えの生地を均一なしっとりもっち
り食感に仕上げるために、最終発酵は短時間で早く
膨らむ設定で少し高めの温度で焼き上げると、お餅
が焼けるときのようによく膨らんで焼けるが、冷め
るとつぶれやすい。内層はチーズの部分とともに大
きくて不均一になる。

<u>作り方</u>

湯ゲル

オートリーズ種

1
小鍋に水と粉を入れ、泡立て器で混ぜる。

2
火にかけて混ぜながら、温度計ではかって65℃に温める。

3
容器に入れてラップを密着させ、室温におく。

4
ボウルに水を入れてヨーグルト種を加える。

5
粉を加え、ゴムべらで下から上に返しながら切るようにして、粉気がなくなるまで混ぜる。

6
容器に入れて平らにならす。

発酵前　　発酵後

7

30℃で1時間発酵後、冷蔵庫に一晩おく。

8　ミキシング

小さい容器に水を入れ、ドライイーストを加えてふやかす。

9

ボウルに塩ときび砂糖を入れて**3**の湯ゲルを加える。

10

ゴムべらでぐるぐると混ぜ、**8**のふやかしたイーストを加える。

11

均一に混ざるまでゴムべらで混ぜる。

12

7のオートリーズ種を台に出し、手で15cm角くらいにのばす。

13

11をのせる。

14

カードで4つの角から中
心に折り、**11**の液を包
む。

15

両手で持って、液をもみ込む。液がこぼれたら生地に
入れながらもみ込んでいく。

16

液がすべて生地になじん
だら、手についた生地を
カードで落として生地に
入れ、全体をひとまとま
りにする。

17

「カードですくう→台に落とす→奥側に折る」をやさし
く10回繰り返す。

18

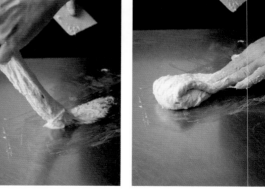

「カードですくう→台に落とす→持ち上げる→手前に
折る」を100回繰り返す。
逆折りたたきごね

19

どんどん生地の縮む力が
強くなる。

20

生地を広げてのばすと、なめらかで、指で穴をあける
とギザギザになっていたらOK。

21

バターをのせる。

22

指で広げながら25cm角
くらいにのばし、角を持
って内側に3〜4回巻き
つける。同様にして図の
❶〜❽を順に行う。

23

「カードですくう→台に落とす→持ち上げる→手前に
折る」を100回繰り返す。

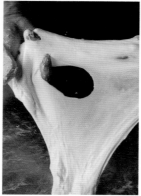

発酵前

発酵後

24 こね上げ温度27℃

生地を広げるときれいな表面で指が透けて見え、穴をあけるときれいでギザギザがない状態ならOK。

25 一次発酵

容器に入れて平らにならし、30℃で1.5倍くらいになるまで発酵（1時間30分くらい）。

26 成形

型の底面にショートニング（分量外）を薄く塗る。こうすることで焼けたパンが型からはずれやすくなり、スライスもしやすくなる。

27

台と生地の周囲に打ち粉をふって、カードを壁面に差し込んでぐるりと回し、容器をひっくり返して台に出す。

28

やさしく15cm角くらいにのばす。

29

手前から中心に折る。
折って重ねる

30

右から中心に折る。

31

左から中心に折る。

32

奥から中心に折る。

33

プロセスチーズをのせ、図の**a**のところに左右の角を折る。
編み込み

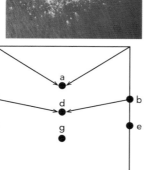

34

図の**b**と**c**を順に中心**d**に折る。

35

図の**e**と**f**を順に中心**g**に折る。

36

ゴルゴンゾーラチーズを写真のように2列に分けてのせる。

37

奥側から手前にチーズを巻き込んでいく。
巻き込み

38

手のひらで軽く転がして少しのばす。

39

とじ目を下にして型に入れる。

発酵前

40 最終発酵

35℃でトップが型の縁からしっかり出るまで発酵（40分くらい）。

発酵後

41 焼成

過熱水蒸気ありで180℃で20分、過熱水蒸気なしで180℃で10分焼き、焼き上がったらすぐに同じ高さの型の間に逆さにしてのせて冷ます。

＊型をのせるものは型より高さのあるものを2つ用意する。ここでは型を使ったが、空き缶や雑誌などでもよい。

42

冷めたらでき上がり。

＊逆さにしたので焼き上がりのままの膨らみをキープ。逆さにしないと盛り上がった部分が凹んでしまう。

紅茶の食パン

生地に酸味が出にくいレーズン種エキスを使って、酸味をおさえながらゆっくりと長時間発酵させました。朝食はもちろん、おやつにもぴったり。ジャムとよく合います。しっとりとした食感と、乳のコクに加えた紅茶の風味が魅力の食パンです。

材料　12cm角キューブ（蓋あり）　1つ分

□本ごね

	ベーカーズ%	分量g
小麦粉（はるゆたかブレンド）	60	135

＊少しだけ粉の旨みも引き出したいので、灰分量がやや多めの強力タイプを使用。

小麦粉（ゆめちから100）	40	90

＊強い力でしっかりとたくさんこねるため、硬質小麦の強力タイプを使用。

グリーンレーズン種エキス	10	22.5

＊酸味が出にくく膨らみやすい種。

海人の藻塩	1.8	4.0

＊ミネラル分が多く、塩味をおさえて生地を引き締める。

練乳	10	22.5
プレーンヨーグルト	10	22.5
全卵	10	22.5

＊バターを卵黄で乳化しやすくして、卵白成分で焼成時に固めやすくする。

水	45	101.3
紅茶葉（アールグレイ）	0.5	1.1
バター（食塩不使用）	5	11.3

＊室温に戻す。

Total	192.3	432.73

グリーンレーズン種のおこし方

保存瓶に水300gとドライグリーンレーズン（オイルコーティングされていないもの）100gを入れて混ぜる。混ぜ上げ温度28℃。28℃で12時間おきに攪拌して細かい気泡が立ってきたら完成。冷蔵庫で1か月保存可能。ここではこのエキスを使う。

工程

□本ごね

ミキシング

こね上げ温度23℃。

加水率はさほど高くないこねやすい生地。副材料をやさしく組み合わせた基本に近い生地なので「**基本のたたきごね**」を行う。

↓

一次発酵

18℃で2.5〜3倍になるまで発酵(20時間くらい)。

旨み発酵を優先しながら酸味をおさえて、ゆっくりと膨らませる。

↓

分割・丸め

2分割。

ベンチタイム10分。

↓

成形

基本の「**ロール成形**」を向かい合わせにすることで、均等にたくさん膨らませても生地がつぶれにくくなる。

↓

最終発酵

35℃でトップが型の9分目くらいになるまで発酵(3時間くらい)。

膨らみを最優先にする発酵温度に設定。

↓

焼成

蓋をして180℃で20分、向きを変えて180℃で5分。

断面からわかること

ふんわりよりもしっとり感と発酵の旨みをねらうため、一次発酵と最終発酵はともに長くなる。内層の気泡はやや下方がつまり気味で、上方は大きめになる。

作り方

本ごね

1 ミキシング

粉を合わせて紅茶葉を入れる。

2

袋をふって混ぜる。

3

ボウルに塩、練乳、ヨーグルト、全卵、水を入れグリーンレーズン種エキスを加える。

4

2の粉を加える。

5

ゴムべらで下から上に返しながら切るようにして、粉気がなくなるまで混ぜる。

6

台に出し、20cm角くらいに手でのばす。

7

カードですくってひとまとまりにし、「カードですくう→台に落とす→奥側に折る」を6回5セット行う。
基本のたたきごね
＊1セットごとに指についた生地をカードでこそげて生地に入れる。

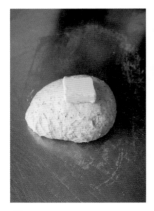 

8

バターをのせて、20cm角くらいに手でのばす。

9

「半分に切る→重ねて手でおさえる」を8回繰り返す。

10

8回終了。

11

「カードですくう→台に落とす→奥側に折る」を6回3〜4セット行う。

12 こね上げ温度23℃

強くたたきつけてひっぱるとのびにくくなり、表面にツヤがでてきたら終了。

＊夏場と冬場で状態が異なる。ツヤができない場合は4セット行う。

発酵前　　　　　　　　発酵後

13 　一次発酵

18℃で2.5〜3倍になるまで発酵（20時間くらい）。

14 　分割・丸め

台と生地の周りに打ち粉をふり、容器の壁面にカードを差し込む。

15

容器をひっくり返して生地を台に出す。

16

はかりではかって2分割にする（1つ約213g）。

17

奥側から手前⅓のところに折って、軽く指でおさえる。

18

粉を払う。

19

向きを変えて手前⅓のところを折って、軽く指でおさえ、粉を払う。

＊ このとき気泡をなるべくつぶさないように強くおさえない。

20

17～19を残り3回繰り
返す。もう1つも同様に
行う。

21 ベンチタイム

ぬれぶきんをかけて10
分おく。

22 成形

台に打ち粉をして手前か
ら真ん中に折る。
ロール成形

23

軽く指でおさえる。

24

奥側から真ん中に向かっ
て折り、指で軽くおさえ
る。

25

向きを変え、手前から奥
側に向かってやさしく巻
く。

26

もう1つも同様に行い、
25とは向きを逆にして
置く。

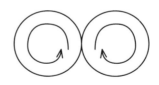

27

2ついっしょに持って、
とじ目を下にして型に入
れる。

発酵前

発酵後

28 最終発酵

35℃でトップが型の9分目くらいになるまで発酵(3時間くらい)。

29 焼成

蓋をして180℃で20分、向きを変えて180℃で5分。

30

蓋を取って型から出し、網にのせて冷ます。

ライポーリッジ種の食パン

キタノカオリのもちもちと、ライ麦のしっとりを併わせもち、クラストをパリッと焼き込んだライ麦入り食パン。ライ麦の甘さをやさしく引き出すライ麦の湯ゲル（ライポーリッジ）と酸味が出にくいレーズン種を合わせて、酸味のない甘さを引き立たせる発酵種に仕上げました。ライ麦の風味がやさしく均一に広がります。酸味がしっかりあるライサワー種とは異なるライ麦種を楽しんでください。

材料　スリムパウンド　1つ分

□ライポーリッジ種

	ベーカーズ%	分量g
ライポーリッジ		
国産ライ麦全粒粉	10	25
水（△10%程度蒸発する）	50	125
Total	55	137.5
レーズン種エキス	5	12.5

* 酸味が出にくく膨らみやすい種。

	ベーカーズ%	分量g
Total	60	150

□本ごね

	ベーカーズ%	分量g
小麦粉（ゆめちから100）	60	150
小麦粉（キタノカオリ）	30	75
ライポーリッジ種	60	150
インスタントドライイースト	0.6	1.5
海人の藻塩	2.0	5.0

* ミネラル分が多く、塩味をおさえて生地を引き締める。

	ベーカーズ%	分量g
きび砂糖	4	10
水	40	100
水（バシナージュ）	10	25

* あとから加える水。

	ベーカーズ%	分量g
Total	206.6	516.5

レーズン種のおこし方

保存瓶に水300gとドライレーズン（オイルコーティングされていないもの）100gを入れて混ぜる。混ぜ上げ温度28℃。28℃で12時間おきに攪拌して細かい気泡が立ってきたら完成。冷蔵庫で1か月保存可能。ここではこのエキスを使う。

工程

☐ライポーリッジ種

65℃まで温め、40℃に冷ましてからレーズン種エキスを混ぜる。

17℃で24時間発酵。

酸味をおさえたライ麦の旨み発酵をし、ライ麦の風味はやさしく、甘さを引き出した種。

↓

☐本ごね

ミキシング

こね上げ温度25℃。

ライ麦の甘さに加え、小麦の風味をやさしく残しながら均一に仕上げたいので、グルテンの強いゆめちからと吸水性がいいキタノカオリを組み合わせ、少しやさしくしっかりこねるために「**逆折りたたきごね**」を行う。

↓

一次発酵

30℃で2倍くらいになるまで発酵（1時間30分くらい）。

膨らみを優先させる高めの発酵温度に設定。

↓

分割・丸め

4分割して軽い丸め。

ベンチタイム10分。

↓

成形

「**芯を作るロール成形**」を行う。ライ麦全粒粉を使用しているので、ライ麦の部分はグルテン形成ができない状態。そのためやさしく成形する。

↓

最終発酵

35℃でトップが型の縁から1.5～2cm出るくらいまで発酵（1時間くらい）。

膨らみを最優先にする発酵温度に設定。

↓

焼成

過熱水蒸気ありで190℃で15分、向きを変えて過熱水蒸気なしで190℃で10分。

断面からわかること

しっとり、もっちり食感を残しながらライ麦パンを軽い食感で楽しみたいので、火通りがよく香ばしく焼けるスリムパウンドを使い、蓋はしない。最終発酵は短時間で早く膨らむ設定にすることで、縦のびの内層になる。

作り方

ライポーリッジ種

1

はかりに小鍋をのせて水をはかり、ライ麦全粒粉を加えてダマがなくなるまで泡立て器で混ぜる。

2

弱火にかけて温度計で65℃になるまで温める。

3

容器に入れて40℃になるまで冷ます。

4

レーズン種エキスを加えてゴムべらでぐるぐる混ぜる。

本ごね

発酵前

発酵後

5

17℃で24時間発酵する。

6 ミキシング

粉にドライイーストを入れて、袋をふって混ぜる。

7

ボウルに塩、きび砂糖、水100gを入れてライポーリッジ種を加える。

8

粉を加え、ゴムべらで下から上に返しながら切るようにして、粉気がなくなるまで混ぜる。

9

台に出し、25cm角くらいに手で広げる。

10

カードを差し込んでぐるりと回してひとまとまりにし、「カードですくう→台に落とす→持ち上げる→手前に折る」を50回2セット行う。
逆折りたたきごね

11

手にバシナージュの水をつけて25cm角くらいにのばす。

12

残りの水を生地にのせて
広げ、角から図の❶〜❽
の順に内側に3〜4回巻
きつけていく。

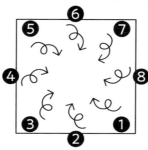

13

「カードですくう→台に落とす→奥側に折る」を6回3
セット行う。こぼれた水は1セット終わるごとにカー
ドで生地に入れ込む。

発酵前　　　　　発酵後

14　こね上げ温度25℃

「カードですくう→台に落とす→持ち上げる→手前に
折る」を50回2セット行う。

15　一次発酵

容器に入れて30℃で2倍くらいになるまで発酵（1時
間30分くらい）。

16 分割・丸め

台と生地の周りに打ち粉をふって、カードを容器の壁面に差し込み、ひっくり返して台に出す。

17

はかりではかって4分割にする(1つ約125g)。

18

手に取って4つの角を中央に集める。

19

手のひらにのせてやさしく丸め、とじ目を下にして置く。残りの3つも同様に行う。

20 ベンチタイム

ぬれぶきんをかけて10分おく。

21 成形

ひっくり返して打ち粉をし、手でやさしくたたいてガス抜きする。

22

手前から中央に折り、奥側からも同様に折る。

23

向きを変え、手前の角を
中央に折る。
芯を作るロール成形

24

手前から奥側に向かってぐるっと巻いてとじ目を下に
して置く。残りの生地も同様にして行う。

25

同じ向きで型の両端に入
れてから内側に2つ入れ
る。

発酵前

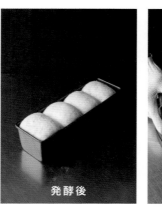

発酵後

26 最終発酵

35℃でトップが型の縁から1.5〜2cm出るくらいま
で発酵（1時間くらい）。

27 焼成

過熱水蒸気ありで190℃で15分、向きを変えて過熱
水蒸気なしで190℃で10分焼く。型から出して網に
のせて冷ます。

みりん食パン

麹かび菌の酵素によって引き出された米由来の甘みと旨みを合わせて熟成発酵させ、酒種にみりんのほのかな甘さを加えた食パン。噛むほどに深い味わいが口の中に広がります。スペルト小麦の酵素に期待して湯ゲル自体の甘さを引き出しました。

材料　Rワンローフ（蓋なし）　1つ分

☐ポーリッジ

	ベーカーズ%	分量g
スペルト小麦石臼全粒粉	5	8.8
水（△10%程度蒸発する）	25	43.8
Total	27.5	48.2

☐本ごね

	ベーカーズ%	分量g
小麦粉（はるゆたかブレンド）	95	166.2

＊少しだけ粉の旨みも引き出したいので、灰分量がやや多めの強力タイプを使用。

	ベーカーズ%	分量g
ポーリッジ	27.5	48.2
酒種（米麹）	10	17.5

＊発酵種の味と風味を加えながら、モルトの役割を担う。膨らみやすいが酵素活性が強めで、しっとり感の強いパンになる。

	ベーカーズ%	分量g
海人の藻塩	1.8	3.2

＊ミネラル分が多く、塩味をおさえて生地を引き締める。

	ベーカーズ%	分量g
みりん（20%煮詰める）	8	14
水	40	70
バター（食塩不使用）	5	8.8
Total	187.3	327.9

酒種（米麹）のおこし方

	1回目	2回目	3回目	4回目
米	50g	—	—	—
炊いたご飯	20g	100g	100g	100g
米麹	50g	40g	20g	20g
前回の種	—	40g	40g	20g
水	100g	80g	60g	60g
発酵時間	約2日	約2日	約1日	約1日

保存瓶に上記のように4回に分けて材料を入れて混ぜ、約6日で作る。混ぜ上げ温度24℃。発酵温度28℃、1日3回攪拌する。

工程

□ポーリッジ

65℃に温め、ラップを密着させて室温におく。
スペルト小麦の酵素に期待したいので全粒粉を
使用。

↓

□本ごね

ミキシング

こね上げ温度25℃。
加水率はそこまで高くないので「基本のたたき
ごね」を行う。

↓

一次発酵

30℃で2倍くらいになるまで発酵（4時間くら
い）。その後冷蔵庫で2〜2.5倍になるまで発酵
（一晩くらい）。
膨らみを優先させる高めの発酵温度に設定。

↓

分割・丸め

4分割。
やさしく2つ折りを2回行う。

↓

成形

「折って重ねる」を繰り返しながら、複雑にしめ
ていく。

↓

最終発酵

35℃でトップが型の縁から1cm出るくらいま
で発酵（1時間30分くらい）。
膨らみを最優先にする発酵温度に設定。

↓

焼成

過熱水蒸気ありで180℃で15分、向きを変え
て過熱水蒸気なしで180℃で5分。

断面からわかること

弱めのグルテン骨格の生地を折って重ねながら丸め
ることで、最終発酵が少し長めになってもパンの芯
（中央部分）が詰まることなく、上方にのびて焼き上
がる。

作り方

1

小鍋に水と粉を入れ、泡
立て器で混ぜる。

2

弱火にかけて、ゴムべら
で混ぜながら温度計では
かって65℃に温める。

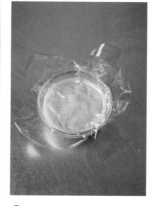

3

小さい容器に入れてラッ
プを密着させ、室温にお
く。

本ごね

4 ミキシング

ボウルに塩、水、みりん
を入れ、酒種を加える。

5

ポーリッジを加える。

6

粉を加え、ゴムべらで下から上に返しながら切るよう
にして、粉気がなくなるまで混ぜる。

7

台に出して手で25cm角
くらいにのばす。かたい
ところがあったらほぐ
す。

8

カードで生地をかき集めてひとまとまりにする。

9

「カードですくう→台に落とす→奥側に折る」を6回3セット行う。
基本のたたきごね

10

バターをのせる。

11

指で広げながら20cm角くらいにのばし、「カードで半分に切る→重ねておさえる」を8回行う。

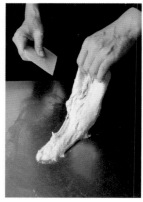

12 こね上げ温度25℃

「カードですくう→台に落とす→奥側に折る」を6回4セット行う。
基本のたたきごね

発酵前

発酵後

13 一次発酵

容器に入れて30℃で2倍くらいになるまで発酵(4時間くらい)。その後冷蔵庫で2〜2.5倍になるまで発酵(一晩くらい)。

14 分割・丸め

台と生地の周囲に打ち粉をふって、カードを壁面に差し込んで容器をひっくり返して台に出す。

15

はかりではかりながら4分割にする(1つ約80g)。

16

「手前から真ん中に折る→奥側から真ん中に折る→90度向きを変えて同様に折る」を行う。

17 成形

「手前から奥側 1/3 のところに折る→90度向きを変える」を4回繰り返す。
折って重ねる

18

45度向きを変えて奥側から中心に向かって⅓のところに折る→手前から中心に向かって⅓のところに折る→右側から中心に向かって⅓のところに折る→左側から中心に向かって⅓のところに折る。とじ目を下にして置く。残りの生地も同様に行う。

発酵前　発酵後

19

型に両端から入れて、最後に真ん中に2つ入れる。

20 　最終発酵

35℃でトップが型の縁から1cm出るくらいまで発酵（1時間30分くらい）。

21 　焼成

過熱水蒸気ありで180℃で15分、向きを変えて過熱水蒸気なしで180℃で5分焼く。型から出して網にのせて冷ます。

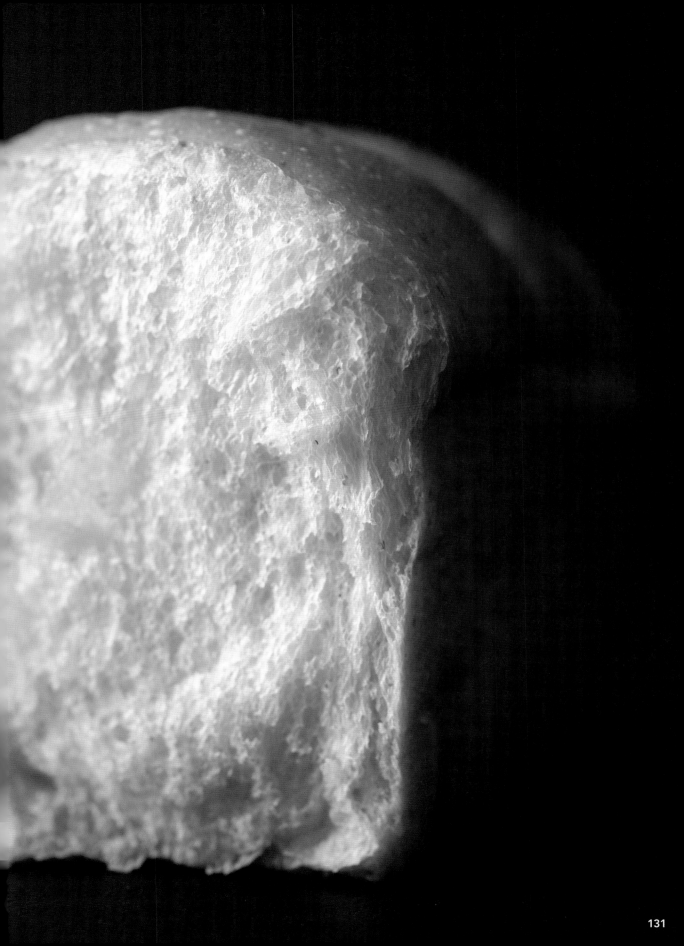

チョコバナナブレッド

表面の強く焼けた香ばしさと、甘く膨らみやすい酒種にチョコとバナナでしっとり感を加えました。パニムール型を使うことで、横のクラストがやわらかい食感に仕上がります。

材料　パニムールNo.2　1つ分

□中種

	ベーカーズ%	分量g
小麦粉（ゆめちから100）	60	75
酒種（米麹）	10	12.5

＊発酵種の味と風味を加えながら、モルトの役割を担う。膨らみやすいが酵素活性が強めで、しっとり感の強いパンになる。

	ベーカーズ%	分量g
海人の藻塩	1.6	2.0

＊ミネラル分が多く、塩味をおさえて生地を引き締める。

	ベーカーズ%	分量g
水	40	50
Total	**111.6**	**139.5**

□本ごね

	ベーカーズ%	分量g
小麦粉（春よ恋）	40	50
中種	110	137.5
インスタントドライイースト	0.32	0.4
きび砂糖	10	12.5
全卵	20	25

＊バターを卵黄で乳化しやすくして、卵白成分で焼成時に固めやすくする。

	ベーカーズ%	分量g
牛乳	20	25
カカオニブ	4	5
ドライバナナのラム酒漬け	16	20

【ドライバナナのラム酒漬けの作り方】
　容器にドライバナナ（ダイス状のもの）100gとラム酒10gを入れ、2日以上漬け込む。

	ベーカーズ%	分量g
ブロンドチョコレート（ヴァローナのドゥルセ）	10	12.5
Total	**230.32**	**287.9**

酒種（米麹）のおこし方

	1回目	2回目	3回目	4回目
米	50g	—	—	—
炊いたご飯	20g	100g	100g	100g
米麹	50g	40g	20g	20g
前回の種	—	40g	40g	20g
水	100g	80g	60g	60g
発酵時間	約2日	約2日	約1日	約1日

保存瓶に上記のように4回に分けて材料を入れて混ぜ、約6日で作る。混ぜ上げ温度24℃。発酵温度28℃、1日3回攪拌する。

工程

□中種

こね上げ温度25℃。
30℃で4時間発酵。その後冷蔵庫に一晩。
膨らみを優先させる高めの発酵温度に設定。膨
らみやすい酒種だが、膨らみを待ちすぎると酵
素分解を受けすぎてねちっとなるので注意が必
要。

↓

□本ごね

ミキシング

こね上げ温度25℃。
「**基本のたたきごね**」と「**スパイラルごね**」を行
う。

↓

一次発酵

30℃で1.1〜1.2倍になるまで発酵（1時間15
分くらい）。
膨らみを優先させる高めの発酵温度に設定。

↓

成形

やさしい力加減で、触りすぎずに「**複雑に折っ
て重ねる**」と「**巻き込み**」成形を行う。

↓

最終発酵

35℃でトップが型の縁から出るくらいまで発
酵（45分くらい）。
膨らみを最優先にする発酵温度に設定。

↓

焼成

170℃で15分、向きを変えて170℃で5分。

断面からわかること

均一なしっとり食感をねらうため、一次発酵も最終
発酵も膨らませすぎずに短時間で終わらせる。内層
は細かくて丸い均一な気泡になる。

作り方

中種

1

ボウルに塩と水を入れて
酒種を加える。

2

粉を加えて、ゴムべらで下から上に返しながら切るよ
うにして、粉気がなくなるまで混ぜる。

3 こね上げ温度25℃

容器に入れて平らになら
す。

本ごね

発酵前　発酵後

4

30℃で4時間発酵。その後冷蔵庫に一晩。

5 ミキシング

粉にドライイーストを入
れて、袋をふって混ぜる。

6

ボウルにきび砂糖、牛乳、
全卵を入れ、**5**の粉を加
える。

7
ゴムべらで粉気がなくな
るまでぐるぐる混ぜる。

8
カードで容器の側面を1周させて中種を台に出し、15
cm角くらいに広げる。

9
8に**7**をのせる。

10
カードを角に差し込んで生地を引き出し、内側に巻く。残りの3つの角もそれぞれ同様にして巻く。

終了

11

「カードですくう→台に落とす→奥側に折る」を白い生地と黄色い生地が混ざるまで約50回行う。

基本のたたきごね

＊やさしくたたきごねを行う。生地がちぎれても問題ないので作業を続ける。

終了

12

「奥からカードですくう→90度回して台に落とす」を10回5セット行う。

スパイラルごね

＊1セットごとに指についた生地をカードでこそげ取って生地に入れる。

13

カカオニブ、ドライバナナのラム酒漬けを順にのせる。

14

具材を生地全体に散らしながら15cm角くらいに広げる。このとき中心にドライバナナのラム酒漬けを1つ置いてこれに注目する。

このバナナに注目

15

「奥側から手前にカード入れて持ち上げる→90度回して台に落とす」を10回4〜5セット行う。

* 終わったときには中心に置いたドライバナナのラム酒漬けは生地の中に入って見えなくなる。

16

チョコレートを手で割りながらのせる。このとき中心に置いたチョコレートに注目する。

17

「奥側から手前にカード入れて持ち上げる→90度回して台に落とす」を10回2セット行う。

18

中心に置いたチョコレートは残っている。中心が動くことがなく生地に入った。

19 こね上げ温度25℃

容器に入れる。

発酵前

発酵後

20 一次発酵

30℃で1.1～1.2倍になるまで発酵(1時間15分くらい)。

21 成形

台と生地の周りに打ち粉をし、カードを容器の壁面に差し込んで1周させる。容器をひっくり返して台に出す。

22

腕を交差して手前の両端をつまみ、そのままクロスさせて重ねてとじる。
複雑に折って重ねる

23

とじ目を持って中心に向かって折る。

24

再び腕を交差して奥側の両端をつまみ、そのままクロスさせて重ねてとじる。

25

奥側から手前に折り、左右の生地を中心に向かって折る。

26

とじ目をおさえて半分に折る。片方の手で端をおさえ、反対の手で半分に折りながら内側に折り込む。
巻き込み

発酵前

発酵後

27

型のシリコンペーパーに
とじ目を下にして入れ、
型に入れる。

28 最終発酵

35℃でトップが型の縁から出るくらいまで発酵（45
分くらい）。

29 焼成

170℃で15分、向きを変
えて170℃で5分焼く。

＊上が少し焦げるような感じ
に焼き上げる。

かのこ山食パン

ヨーグルトの酸味に小麦全粒粉由来の酵母菌と乳酸菌で複雑な酸味をもった種を使います。酸味を増やしすぎるのをおさえるために単一パン酵母（イースト）を加え、一次発酵での膨らみをおさえながら最終発酵で一気に膨らませるのがポイント。乳と相性がいい大納言で甘さを加えて酸味をおさえ、おいしさを倍増させます。

材料　12cm角キューブ（蓋なし）　1つ分

□本ごね

	ベーカーズ%	分量g
小麦粉（ゆめちから100）	80	200
*強い力でしっかりとたくさんこねるため、硬質小麦の強力タイプを使用。		
小麦粉（春よ恋）	20	50
ヨーグルト種	20	50
インスタントドライイースト	0.6	1.5
海人の藻塩	1.7	4.3
*ミネラル分が多く、塩味をおさえて生地を引き締める。		
きび砂糖	6	15
水	70	175
バター（食塩不使用）	5	12.5
*室温に戻す。		
Total	203.3	508.3
大納言かのこ　　　　　　　（成形時）	30	75

ヨーグルト種（おこし＆種継ぎ）の
作り方

[種おこし]

保存容器に小麦全粒粉100g、水100g、ヨーグルト（プレーン）100g、はちみつ10gを入れ、細かい気泡がたくさん出てくるまで、12時間ごとにやさしくかき混ぜて発酵させる。混ぜ上げ温度28℃。30℃で24〜48時間発酵。

[種継ぎ]

保存容器に小麦全粒粉100g、水100g、ヨーグルト（プレーン）100g、はちみつ10g、ヨーグルト種（おこし）50gを入れ、細かい気泡がたくさん出てくるまで発酵させる。混ぜ上げ温度28℃。30℃で5時間発酵。

工程

□本ごね

ミキシング

こね上げ温度25℃。
加水率はそこまで高くないので、「**基本のたたきごね**」を行う。

↓

一次発酵

30℃で1.5倍くらいになるまで発酵（1時間くらい）。その後冷蔵庫に一晩。
膨らみを優先させる高めの発酵温度に設定。

↓

分割・丸め

平たくしてから4つの角を中央に折る。

↓

ベンチタイム

生地の上にぬれぶきんをかけて室温で30分。

↓

成形

丸い成形を細かく45度ずつずらしながら折り込むことで、強い芯ができる。

↓

最終発酵

35℃でトップが型の縁から1cmくらい出るまで発酵（1時間40分くらい）。
膨らみを最優先にする発酵温度に設定。

↓

焼成

過熱水蒸気ありで180℃で20分、向きを変えて過熱水蒸気なしで180℃で10分。

断面からわかること

中央部（芯）を意識しながら細かく折り込んだ成形のなごりが窺える断面。中心から外側に向かって渦を描くように広がっている内層になる。

作り方

本ごね

1 ミキシング

粉にドライイーストを入れて、袋をふって混ぜる。

2

ボウルに塩、きび砂糖、水を入れて、ヨーグルト種を加える。

3

粉を加える。

4

ゴムべらで下から上に返しながら切るようにして、粉気がなくなるまで混ぜる。

5

台に出して、手で25㎝角くらいにのばす。

6

カードを差し込んでぐるりと回してひとまとまりにする。

7

「カードですくう→台に強く落とす→奥側に折る」を6
回4セット行う。
基本のたたきごね

8

バターをのせて、手で25cm角くらいにのばす。

9

「カードで半分に切る→重ねておさえる」を8回繰り返す。

10 こね上げ温度25℃

「カードですくう→台に強く落とす→奥側に折る」を6回5セット行う。

発酵前　　　　　発酵後

11 一次発酵

容器に入れて30℃で1.5倍くらいになるまで発酵（1時間くらい）。その後冷蔵庫に一晩。

12 分割・丸め

台と生地の周囲に打ち粉をふり、カードを壁面にぐるりと回して容器をひっくり返して台に出す。

13

手で25cm角くらいにのばし、4つの角を中心に向かって折る。

14 ベンチタイム

角を手前にして置き、ぬれぶきんをかけて室温に30分おく。

15 成形

上の角を中心に向かって折り、大納言かのこを8～10粒のせる。これを図❶～❽の順に行う。

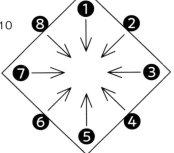

16

奥側から中央に折る。

17

大納言かのこを8〜10
粒のせ、手前から中央に
折る。

18

右から中央に折って、残
りの大納言かのこをのせ
る。

19

左から右へ巻き込む。

発酵前

発酵後

20

とじ目を下にして型に入
れる。

21 最終発酵

35℃でトップが型の縁から1cmくらい出るまで発酵
（1時間40分くらい）。

22 焼成

過熱水蒸気ありで180
℃で20分、向きを変え
て過熱水蒸気なしで180
℃で10分焼く。型から
出して網にのせて冷ま
す。

149

トマト食パン

小麦本来の酵母菌と乳酸菌でヨーグルトとは異なる酸味や旨みを感じられる食パンに仕上げました。しっとりとしてやや重い食感。クセのあるブルーチーズといっしょに食べたり、ピザトーストにしていただくのがおすすめです。

材料　Rワンローフ（蓋あり）　1つ分

□LV1 ミルク種

	ベーカーズ%	分量g
スペルト小麦粉	5	7.5

＊古代小麦でグルテン骨格が弱く、現代小麦とは異なる強い味と風味がある。

LV1（サフのルヴァン）	0.025	0.04

＊市販のもの。ルヴァンに関わる複数種の酵母菌と乳酸菌が含まれる。

牛乳	6	9.0
Total	11.025	16.54

□本ごね

	ベーカーズ%	分量g
スペルト小麦粉	95	142.5

＊古代小麦でグルテン骨格が弱く、現代小麦とは異なる強い味と風味がある。

LV1 ミルク種	11	16.5
インスタントドライイースト	0.4	0.6
海人の藻塩	2.0	3.0

＊ミネラル分が多く、塩味をおさえて生地を引き締める。

はちみつ	8	12

＊味や風味が強い。結合水を多く含む糖類を使い、保水性を高める。

牛乳	30	45
水	20	30
カットトマト缶	30	45
エルブドプロバンス	0.1	0.15
水（バシナージュ）	10	15

＊あとから加える水。

Total	206.5	309.75

工程

□LV1 ミルク種

28〜32℃で20時間発酵。
小麦由来の酵母菌と乳酸菌でしっかりとした酸味を持たせる。

↓

□本ごね

ミキシング

こね上げ温度25℃。
28〜32℃で20時間発酵。
膨らみを優先させる高めの発酵温度に設定。トマトの果肉中の水分が小麦粉に移動しにくいので、粉気がなくなった段階ではかたいが、しっかりと台にこすりつけることで水分が全体になじんでくる。バシナージュでのびがよくなる生地。「**基本のたたきごね**」を行う。

↓

一次発酵

30℃で1.5倍くらいになるまで発酵（45分くらい）。その後冷蔵庫で2倍くらいになるまで発酵（一晩くらい）。
膨らみを優先させる高めの発酵温度に設定。必要以上に酸味を増やしたくないので、膨らませすぎないところで冷蔵発酵させる。

↓

分割・丸め

4分割。

↓

成形

「**複雑なロール成形**」を行う。

↓

最終発酵

35℃でトップが型の9分目くらいになるまで発酵（1時間30分くらい）。
膨らみを優先させる高めの発酵温度に設定。

↓

焼成

蓋をして190℃で15分、向きを変えて190℃で5分。

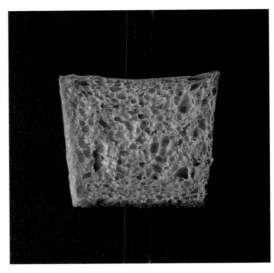

断面からわかること

蓋をしてちょうど角ができるくらいの膨らみに焼き上げることで、比容積とともに食感を調整している。トマトや牛乳が多く含まれるため、グルテン骨格は弱くなっていることと、最終発酵が少し長めのため、気泡は粗く不均一になっている。

作り方

LV1 ミルク種

本ごね

1

容器にLV1と牛乳を入れ、粉を加える。

2

ゴムべらで粉気がなくなるまでしっかりと混ぜる。

発酵後

3

28〜32℃で20時間発酵。

4 ミキシング

粉にドライイーストとエルブドプロバンスを入れる。

5

袋をふって混ぜる。

6

ボウルに塩、牛乳、はちみつ、トマト、水、LV1ミルク種を入れる。

7 5の粉を加え、ゴムべらで下から上に返しながら切るようにして、粉気がなくなるまで混ぜる。

8

台に出し、20cm角くらいに手でのばす。

9

カードですくってひとまとまりにする。

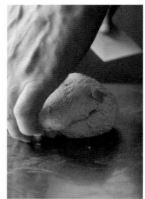

10

「カードですくう→台に落とす→奥側に折る」を6回3〜4セット行う。強くたたきつけてひっぱるとのびにくくなり、表面にツヤがでてきたら終了。

基本のたたきごね

＊ 夏場と冬場で状態が異なる。ツヤができない場合は4セット行う。

11

バシナージュの水を指につけて表面に塗り広げる。

12

20cm角くらいにのばし、残りの水を生地の上にのせて全体に広げる。

13

「カードで半分に切る→重ねて手でおさえる」を8回繰り返す。

14 こね上げ温度25℃

「奥側から手前にカードを差し込んで生地をのせる→90度向きを変えて台に落とす」を50回繰り返す。だんだん水が生地に入り込んでひとかたまりになる。

発酵前　発酵後

15 一次発酵

容器に入れて30℃で1.5倍くらいになるまで発酵（45分くらい）。その後冷蔵庫で2倍くらいになるまで発酵（一晩くらい）。

16 分割・丸め

台と生地の周りに打ち粉をふって、容器の壁面にカードを差し込んでぐるりと回し、容器をひっくり返して台に出す。

17

はかりではかって生地を
4分割にする（1つ約
75g）。

18 成形

向きを変えながら図の❶〜❽の順に、中央に向かって
折り、指でとじ目をおさえる。
複雑なロール成形

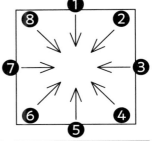

19

手前から奥側⅓のとこ
ろに折って軽くおさえ、
奥側から手前⅓のところ
に折る。

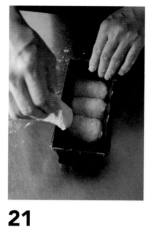

発酵前　　　　　　　　　　発酵後

20

向きを変えて、手前から
奥側にやさしく巻く。残
りの3つも同様に行う。

21

とじ目を下にして同じ向
きで端から順に型に入れ
る。

22 最終発酵

35℃でトップが型の9分目くらいになるまで発酵(1
時間30分くらい)。

23 焼成

蓋をして190℃で15分、
向きを変えて190℃で5
分焼く。

24

型から出して、網にのせて冷ます。

高加水生地がこねられる
「BRENC（ブレンク）」

手作りパンのおいしさは格別。特に味わい深い高加水パンならなおさらです。しかし生地をこねるのは至難の業。グルテンの骨格を作るために何度も何度もこねる工程は力も時間もかかります。でもこのニーダー（生地をこねる機械）があればいとも簡単にこねられます。例えばメープル生食パン（p.56）の生地をこねる場合、作り方5～17のミキシングの作業がわずか10分ほどで完了します。しかもいつも同じ状態の生地ができるので失敗もありません。時間がないときでもこれがあれば頼りになります。ロティ・オランがエムケー精工の新ブランドBRENCとタッグを組んで、高加水用の羽根を何度も試作して完成したものなので自信をもっておすすめします。

本体
ニーダー BR-K006W／エムケー精工
透明の容器で中が見え、キッチンにも置けるコンパクトサイズ。

羽根（デュアルインペラMH）
左：しっかり強くこねる羽根
右：やさしく素早く混ぜる羽根

例：メープル生食パン（p.56）の本ごねの場合
材料は同じ。作り方5～17までの作業を行う。
本ごね用の羽根をセットし、容器に塩、水、メープルシロップ、粉、
中種を入れて25％（スピード）で1分→50％で2分→75％で2分→
一度止めてバターを加えて50％で30秒→75％で90秒→一度止め
てマスカルポーネを加えて50％で1分→75％で2分。

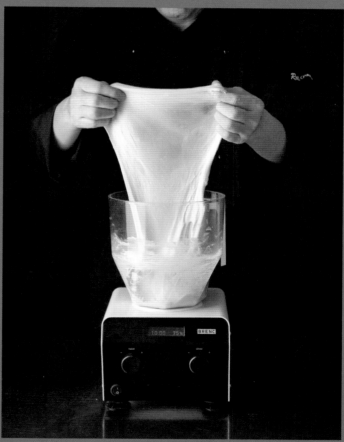

でき上がった生地。均一にこんなにきれいにのびる。

堀田 誠（ほった・まこと）

1971年生まれ。「ロティ・オラン」主宰。高校時代にスイス在住の叔母の家で食べた黒パンの味に感動したことや、大学時代に酵母の研究室で学んだことがきっかけでパンに興味を持ち、給食パンなどを扱う大手パン工場に就職。そこで出会った仲間に「シニフィアン シニフィエ」の志賀勝栄シェフを紹介され、本格的にパンの道に進む。その後、当時志賀シェフの弟子だった3人とベーカリーカフェ「オラン」を開業。その後、「ユーハイム」で新店舗の立ち上げに携わったのち、再び志賀シェフに師事。「シニフィアン シニフィエ」に3年勤務したのち、2010年、パン教室「ロティ・オラン」（東京・狛江）を始める。著書に『「ストウブ」で、パン』『誰も教えてくれなかった プロに近づくためのパンの教科書』『誰も教えてくれなかった プロに近づくためのパンの教科書【発酵編】』『誰も教えてくれなかった プロに近づくためのパンの教科書【レシピ作り編】』（いずれも河出書房新社）など。
http://roti-orang.seesaa.net/

アートディレクション・デザイン
小橋太郎（Yep）

撮影
南雲保夫

スタイリング
池水陽子

調理アシスタント
小島桃恵
浜本 茜

校正
ディクション株式会社

編集
小橋美津子（Yep）

Special Thanks
堀田 楓

撮影協力
エムケー精工株式会社
長野県千曲市雨宮1825番地
https://www.mkseiko.co.jp/
「BRENC」
https://brenc.jp/
商品のお問い合わせ：
https://brenc.jp/pages/contact

本書の内容に関するお問い合わせは、お手紙かメール（jitsuyou@kawade.co.jp）にて承ります。恐縮ですが、お電話でのお問い合わせはご遠慮くださいますようお願いいたします。

食パンを極める！
誰も教えてくれなかった プロに近づくためのパンの教科書

2024年3月20日　初版印刷
2024年3月30日　初版発行

著　者　堀田誠
発行者　小野寺優
発行所　株式会社河出書房新社
　　　　〒151-0051　東京都渋谷区千駄ヶ谷2-32-2
　　　　電話　03-3404-1201（営業）
　　　　　　　03-3404-8611（編集）
　　　　https://www.kawade.co.jp/
印刷・製本　図書印刷株式会社

Printed in Japan
ISBN978-4-309-29384-4